Il a été mis à part de l'édition originale 100 exemplaires numérotés de 1 à 100

MON

ALMANACH GOURMAND

Du même auteur au cherche midi

Carnets d'un sale gosse, 2017

Filets de Macron (et autres pommes à l'huile), 2018

Macron des sources, 2019

Mascarade !, 2020

Ça va nous faire des vacances !, 2021

Laurent Gerra

MON ALMANACH GOURMAND

Préface de **Georges Blanc**
Dessins de **DuBouillon**

À ma fille Célestine qui a déjà un bon coup de fourchette

Ouvrage publié sous la direction de Jean-Louis Festjens.

Coordination éditoriale : Nathalie Courtois, Edith Daurenjou
Fabrication : Grégory Morin, Jeanne Meslin
Graphisme et illustrations : César Drouin
Photos de Christelle Bardet, sauf p. 32/44/70 :
Jean-François Savoye, p. 80 : S. Peniguez, p.118 et 182 : DR

Vous pouvez consulter notre catalogue général
et l'annonce de nos prochaines parutions sur notre site :
www.cherche-midi.com

92, avenue de France
75013 Paris

ISBN : 978-2-7491-6871-5 | Dépôt légal : novembre 2021

Laurent fait partie de la famille depuis toujours. Sa mère travaillait avec nous, et je me souviens de lui tout gamin, jouant dans les cuisines du restaurant, à Vonnas, avec mon fils Frédéric. C'est également chez nous, alors qu'il débutait dans le métier, qu'il est venu présenter sur scène des imitations – dont celle du président de l'époque, Valéry Giscard d'Estaing – devant une salle de Vonnassiens du troisième âge. Depuis, nous ne nous sommes jamais quittés, et chacune de nos retrouvailles, autour d'une bonne bouteille et d'un poulet à la crème – un poulet de Bresse, bien sûr! –, est l'occasion de franches rigolades.
Ce livre savoureux à plus d'un titre, plein de gourmandise, d'érudition culinaire et d'humour, est celui d'un véritable amoureux de la table, non seulement pour la qualité des mets et des vins, mais aussi – et surtout – parce qu'un repas en famille ou entre amis est pour Laurent un irremplaçable moment de convivialité et de partage. La longue épreuve imposée par la pandémie a montré à quel point ces moments nous manquaient. Comme tous les restaurateurs et, je crois, comme tous les Français si attachés à leur patrimoine gastronomique, je prie pour que nous puissions revivre ensemble de tels instants.

AU MENU
DU MOIS DE

Janvier

LE CHEF
VOUS PROPOSE

Poularde de Bresse
Fourme des Bronzés
Clin d'œil à Léon de Lyon
À propos de Georges Blanc
Poireau en médaille
Crêpes parmentier façon grand-mère
Tartelettes amandines de Ragueneau
Jeunes pousses de mélèze en cueillette

Janvier du 1er au 7

Dicton du jour

6 janvier: Épiphanie
Pour la galette des rois à l'Épiphanie,
invite Marius, César et pis Fanny.

Mes cueillettes

L'églantier gratte-cul

En janvier, on se dit qu'on ne va rien trouver, surtout en montagne, quand tout est recouvert de neige. Mais c'est l'époque idéale pour le cynorrhodon, l'églantier ou le rosier des chiens. Les petites baies rouges de l'églantier poussent en octobre, mais elles sont alors à éviter. Elles provoquent des démangeaisons (d'où leur surnom de « gratte-cul »). En revanche, quand il a neigé et que l'arbuste a pris un coup de gel, les fruits deviennent confits et peuvent se manger crus, en confiture ou en sirop. Ils contiennent plus de vitamines que les oranges, et ils sont délicieux.

La contrepèterie
DE LA SEMAINE

La Maurienne est connue pour son exceptionnelle beauté de sites.

Bibliothèque gourmande

La poularde de Bresse

Naïve enfant de la Bresse
Être honnête et succulent,
Qui t'enveloppe d'un blanc
Justaucorps de fine graisse,

Cousine des hommes gras
Dont notre pays fourmille,
On t'aime dans la famille,
Nous ne sommes point ingrats.

Gabriel Vicaire (1848-1900),
écrivain et poète bressan

> « Celui-là a eu du courage, qui a été le premier à manger une huître. »
>
> Jonathan Swift

Léon de Lyon

C'est un 4 janvier, en 2019, que j'ai repris le restaurant Léon de Lyon avec des associés. Pour moi, Léon est un symbole de Lyon, mais aussi un symbole du goût et de la tradition. Jean-Paul Lacombe, son patron, est de ces chefs comme Michel Chabran ou Michel Rostang qui ont réussi à faire le lien entre la cuisine des mères lyonnaises, celle des bouchons et la grande cuisine. Léon de Lyon, c'est une affaire de famille. Son père, Paul Lacombe – l'inventeur de la cervelle de canut –, avait acheté le restaurant en 1949, l'année de la naissance de Jean-Paul. En 1972, à la suite du décès de son père, Jean-Pierre reprend le restaurant, à seulement 22 ans, et, avec sa femme Fabienne, il gagne sa deuxième étoile en 1978… Pour la rendre volontairement en 2007 (on ne voit pas ça tous les jours), afin de se consacrer à une cuisine « bistronomique ». C'est dire si Léon de Lyon faisait partie de sa vie, et s'il avait du mal à s'en séparer.

Jean-Paul et Fabienne me connaissaient depuis longtemps, ils savaient que nous n'allions pas changer l'âme du lieu, mettre de la musique d'ambiance, embaucher des serveuses avec le nombril à l'air, tout repeindre en gris et servir dans des assiettes carrées. Ni galvauder cette institution, ni la transformer en Léon de Bruxelles !

Ce que j'aime chez Léon de Lyon, c'est ce compromis entre le bouchon et la belle auberge. Et c'est une maison bourgeoise, un restaurant populaire. J'ai une réputation de bon vivant, ce n'était pas pour servir du tofu avec des graines germées.

J'avais quelques idées auxquelles je tenais : que Léon reste un restaurant de copains, qu'on donne des ronds de serviette à nos habitués, que la découpe des poissons et des viandes se fasse en salle… Et surtout pas de musique. Comme le dit Guy Savoy, « on n'emmène pas des plateaux-repas à l'Opéra, donc pas de musique dans les restaurants ». La vraie musique, c'est le bruit des assiettes, des verres qui tintent, de la cuisine, le murmure des conversations…

Et puis j'avais aussi quelques idées sur le menu : j'ai retrouvé des carnets de recettes de ma grand-mère, une grande cuisinière qui n'avait pas de restaurant. Dans ces carnets se trouvait une vingtaine de recettes que je voulais inscrire à la carte (et que je donne dans ce livre) : le poulet à la crème, le poulet Célestine ou les tripes, par exemple. Je suis aussi très attaché à la cuisine régionale et au fil des saisons.

Agenda gourmand

MI-JANVIER : Fête de la truffe à Sarlat. Foire au miel de Lyon.

16 JANVIER : Journée mondiale de la cuisine italienne.

UNE **anecdote** DE TABLE

Boire un canon

L'expression date de l'Ancien Régime, quand les mesures étaient floues et variaient d'une région à l'autre. Le « canon » était la plus petite mesure, correspondant à un verre d'environ 6 cl. Suivaient par ordre croissant la roquille, la chopine, la pinte, le pot, la velte, la feuillette, le muid…

> « Si l'on veut avoir du bœuf, il faut d'abord avoir un veau. Et comme tous les veaux naturellement ne peuvent pas devenir des bœufs, alors il faut bien aussi les manger. D'où l'importance qu'il y a à sauvegarder la tête de veau. »
>
> Jacques Chirac

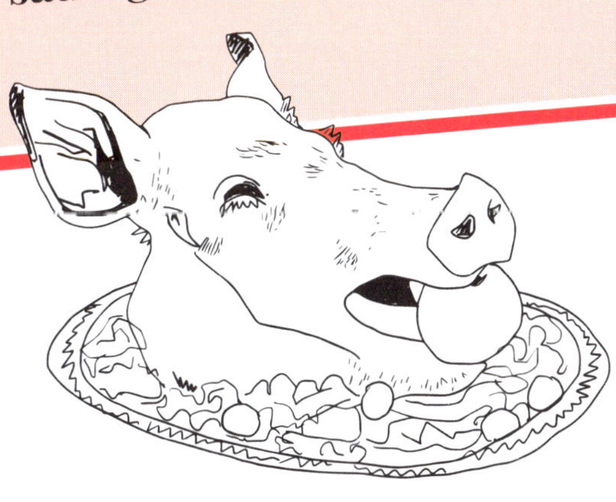

Dicton du jour

13 janvier: sainte Yvette
Trop de raclette à la Sainte-Yvette,
un kilo en trop à la Saint-Bruno!

Scène culte

LA FOURME DES *BRONZÉS FONT DU SKI*

de Patrice Leconte (écrit et interprété par la troupe du Splendid)

Un groupe d'amis perdus au cours d'une randonnée à ski a trouvé refuge dans un chalet. Deux montagnards leur amènent à manger.

Jean-Claude : C'est quoi, les petits trucs blancs ?

Le montagnard : Ça ? C'est les vers. Ben oui, comme ça y a la viande aussi !

Jean-Claude : Je suis végétarien.

Le montagnard : C'est pas la petite bête qui va manger la grosse !

Jean-Claude : Excusez-moi, faut que je sorte.

La contrepèterie DE LA SEMAINE

Il faut être peu pour bien dîner.

Les jeunes pousses de mélèze

En hiver, en montagne ou au ski, on peut sucer de jeunes pousses de mélèze, ça coupe la soif. C'est le seul conifère qui perde ses aiguilles. Les jeunes pousses ont un goût frais, citronné, très agréable. Les fleurs de mélèze, de petits cônes rouges ou rose foncé, peuvent se récolter au printemps pour faire des confitures ou des infusions. Je me souviens d'une discussion à ce sujet avec Nicolas Vanier : à l'époque de la conquête de l'Ouest, beaucoup de colons sont morts du scorbut, par manque de fruits frais, notamment dans le Yukon. Et puis ils ont découvert que les conifères pouvaient leur apporter de la vitamine C, en infusion.

LES RECETTES DE

grand-mère

Crêpes parmentier

Recette de la mère Blanc

POUR 4 PERSONNES

- 500 g de pommes de terre
- 25 g de beurre demi-sel
- 7 cl de lait chaud
- 3 cuillères à soupe de crème fraîche
- 6 œufs
- 3 cuillères à soupe de farine

- Faire cuire les pommes de terre dans de l'eau salée. Quand elles sont bien cuites, les écraser à la fourchette en ajoutant le beurre, la crème fraîche et le lait. Bien mélanger.
- Séparer les blancs des jaunes d'œufs, puis battre les blancs en neige.
- Ajouter la farine et les jaunes d'œufs à la purée, puis mélanger. Ajouter les blancs battus en neige et laisser reposer.
- Faire chauffer une poêle à crêpes et y verser une louche du mélange. Faire cuire des deux côtés.

Les crêpes parmentier, c'est en fait une recette ratée. La grand-mère de Georges Blanc voulait faire une purée, à laquelle elle a ajouté des trucs. C'est aussi une recette traditionnelle en Bresse. Elles accompagnent très bien le poulet à la crème, mais je préfère les déguster au dessert, en saupoudrant de sucre...

> **« Les crêpes, c'est comme les Français: elles retombent toujours du même côté. »**
>
> Frédéric Dard

du 15
au 22

Janvier

Agenda gourmand

22 JANVIER : saint Vincent, patron des vignerons. Fête de la Saint-Vincent tournante des vignerons de Bourgogne.

La contrepèterie
DE LA SEMAINE

Je veux des nouilles encore!

UNE anecdote DE TABLE

On trinque ?

L'habitude de choquer les verres entre convives date du Moyen Âge. On trinquait alors vigoureusement afin que le vin contenu dans les verres jaillisse par-dessus le bord et se mélange. Le but était simplement de prouver que le vin n'était pas empoisonné. Une autre explication, plus poétique : le vin fait appel à tous les sens, sauf à l'ouïe. Le tintement des verres quand on trinque comble cette lacune…

17 JANVIER

Saint Antoine le Grand
patron des charcutiers

Ermite qui subit dans le désert les tentations du diable, il est représenté accompagné d'un cochon portant une clochette – une référence à l'ordre des Antonins du Dauphiné, dont les porcs, reconnaissables à leur clochette, étaient les seuls autorisés à circuler librement dans les rues. En tout cas, c'est ce qui lui a valu de devenir le patron des charcutiers…

> **Je déteste la bonne franquette et je hais la fortune du pot.**
> Sacha Guitry

Le jeu des termes culinaires

Vous vous y connaissez en cuisine ? On va voir ça. Attribuez à chacun de ces termes culinaires la bonne définition.

Abricoter **1**	**A** Entourer un mets d'une tranche de lard
Barder **2**	**B** Saler un légume pour qu'il rende son eau (exemple : le poireau)
Passer au chinois **3**	**C** Saupoudrer de farine
Cuire à blanc **4**	**D** Étendre un sirop sur une tarte pour la faire briller
Dégorger **5**	**E** Enlever la coquille
Écaler **6**	**F** Peler un fruit ou un légume
Fleurer **7**	**G** Ajouter un liquide à une préparation
Lier **8**	**H** Faire cuire un fond de tarte sans garniture
Monder **9**	**I** Épaissir une sauce
Mouiller **10**	**J** Filtrer un liquide à travers une passoire fine

Solution : 1/D, 2/A, 3/J, 4/H, 5/B, 6/E, 7/C, 8/I, 9/F, 10/G

En cuisine avec Georges Blanc

Georges Blanc, le chef triplement étoilé, est le petit-fils d'une des « mères » lyonnaises, la mère Blanc – deux étoiles au Michelin et « meilleure cuisinière du monde » selon le critique Curnonsky, excusez du peu –, qui transforma l'auberge familiale créée en 1872 à Vonnas, sur la place du marché, en un haut lieu de la gastronomie française. Vonnas, dans la Bresse, c'est à quelques kilomètres de ma maison familiale. Ma mère était serveuse chez Georges Blanc et j'étais à la maternelle avec son fils Frédéric, l'un de mes plus vieux copains. Quand nous étions petits, j'allais jouer avec lui dans les cuisines du restaurant, et cet univers, ces odeurs, cette ambiance sont restés profondément ancrés en moi. À l'époque, Frédéric voulait devenir cuisinier et moi je voulais faire du spectacle – je faisais déjà des imitations. Depuis que je suis ado, le restaurant, c'était la grande sortie. Les parents me disaient : « Si tu travailles bien à l'école, on ira fêter ça chez Georges Blanc. » C'était un événement : on s'habillait bien, on y pensait avant, on y repensait après – j'adorais ça ! Depuis que je suis en âge d'apprécier la bonne cuisine, ça a toujours été un de mes plus grands plaisirs. D'ailleurs, je perpétue la tradition : alors que ma fille Célestine avait tout juste sept jours, nous l'avons emmenée chez Georges Blanc, dans son couffin. Je voulais qu'elle s'en imprègne, qu'elle apprenne les odeurs. Depuis, nous la prenons toujours avec nous, elle adore.

Quand j'ai débuté dans le métier, dans des bals ou au mieux dans de petits cafés-théâtres à Lyon, alors que je n'étais pas du tout connu, Georges Blanc m'a appelé : « Tiens, tu ne veux pas venir faire un sketch, pour le repas du village ? » Chaque année, il organisait un repas gratuit pour les anciens. J'ai accepté, bien sûr. Je suis monté sur scène, puis le présentateur a annoncé : « Et maintenant, Bernard Gerra ! », et j'ai fait mes trois conneries.

La grande cuisine, c'est comme le spectacle : le public demande souvent les recettes traditionnelles, mais il faut savoir les réinventer. Georges, il se renouvelle sans cesse, il respecte les saisons, il transcende les produits. Son poulet à la crème est une institution, comme ses filets de rouget à la sauce marinière ou sa salade tiède de cuisses de grenouille à la ciboulette. Un vrai régal.

Janvier du 23 au 31

Agenda gourmand

FIN JANVIER : Biennale internationale du goût à Lyon.

Chevalier du « poireau » !

Début février 2020, je reçois une lettre à en-tête de la République française, ministère de l'Agriculture et de l'Alimentation : « Arrêté du 31 janvier 2020 portant promotion et nomination dans l'ordre du Mérite agricole ». J'étais trop content, je n'en revenais pas ! La Légion d'honneur, je n'en voudrais pas. Il aurait fallu la décerner à titre posthume à mon grand-père pour ce qu'il a vécu durant la guerre. La médaille des Arts et des Lettres, franchement, tout le monde peut l'avoir. Le Mérite agricole, en revanche, le « poireau », comme on le surnomme, c'est sans doute ce qu'il y a de plus dur à obtenir. La reconnaissance d'un engagement vers l'excellence, que ce soit pour l'agriculture, les vins, la cuisine ou les traditions gastronomiques. Jean Carmet l'avait reçu, ainsi que Jean Rochefort ou Michel Serrault, c'est dire…

J'en avais parlé à mon copain Michel Chabran, devant son ris de veau aux noix, dans son restaurant de Pont-de-l'Isère, alors que la conversation portait sur la question des récompenses.

« Le seul truc qui me ferait plaisir, lui avais-je dit, moi qui suis sur les routes depuis des années, qui connais le terroir et qui bois et mange local, qui travaille dans les vignes et les restaurants, c'est le Mérite agricole. »

J'ai su que Michel Chabran avait fait la demande pour moi auprès de l'ancien ministre de l'Agriculture Didier Guillaume. Peut-être le chef Christophe Marguin, président des Toques blanches lyonnaises, y est-il aussi pour quelque chose. Et j'étais d'autant plus content que je l'ai eu en même temps que la vigneronne Anita Kuhnel, qui s'occupe de mon moulin-à-vent. J'aurais voulu fêter ça chez Georges Blanc, mais avec le Covid…

Dicton du jour

29 janvier : saint Gildas

Ananas à la Saint-Gildas, raisin à la Saint-Glinglin !

Bibliothèque gourmande

Les tartelettes amandines de Ragueneau

Comment on fait les tartelettes amandines

Battez, pour qu'ils soient mousseux,
Quelques œufs;
Incorporez à leur mousse
Un jus de cédrat choisi;
Versez-y
Un bon lait d'amande douce;

Mettez de la pâte à flan
Dans le flanc
De moules à tartelette;
D'un doigt preste, abricotez
Les côtés;
Versez goutte à gouttelette

Votre mousse en ces puits, puis
Que ces puits
Passent au four et, blondines,
Sortant en gais troupelets,
Ce sont les
Tartelettes amandines!

Edmond Rostand, *Cyrano de Bergerac*, 1897

« Un gourmet?
C'est un glouton qui se domine. »
Francis Blanche

UNE *anecdote* DE TABLE

Le mojito de Francis Drake

Le mojito remonte au XVIe siècle : le corsaire anglais Francis Drake, terreur des flottes espagnoles dans le Pacifique, fut le premier à mélanger du tafia – une eau-de-vie extraite du sucre de canne – avec de la menthe et du citron vert.
« El Draque », comme le surnommaient ses adversaires, venait d'inventer l'un des premiers cocktails de l'histoire. Quatre siècles plus tard, le rhum ayant remplacé le tafia, le mojito est devenu la boisson nationale de Cuba.

À TABLE AVEC

Charles Aznavour

C'était à Lyon, en janvier 2018, moins d'un an avant sa disparition. Après son concert à la Halle Tony-Garnier, j'avais emmené Charles et son équipe dîner chez Chabert. Nous étions très nombreux, mais Charles, Christelle et moi nous étions réfugiés à une petite table, dans un coin, à boire des coups et à manger des grattons, en parlant de cinéma, de la vie, de tout et de rien. Nous avions notamment l'habitude d'échanger nos adresses de bonnes tables pour les tournées. Aznavour, il n'en avait pas l'air, mais il était gastronome. Après un spectacle, il ne dînait le plus souvent que d'un sandwich et d'un verre de vin, mais ce soir-là, tout en élégance et à petites doses, il goûtait à tous les plats et il picolait – avec modération – tout ce qui passait sous son nez. Franchement, il nous a épatés. Il avait 94 ans, tout de même, et il sortait de scène, mais il est resté jusqu'à 3 heures du matin, à savourer le moment et à nous raconter ses histoires de manière presque confidentielle. Inoubliable.

La contrepèterie
DE LA SEMAINE

C'est à l'ami que j'offre mon vin.

....

Le jeu du pinard

Combien de noms familiers pour désigner le vin connaissez-vous ? Je vous donne le plus connu : pinard. Maintenant, à vous d'en trouver au moins dix...

1 Pinard

2 ....

3 ....

4 ....

5 ....

6 ....

7 ....

8 ....

9 ....

10 ....

Solution : rouquin, jaja, jinjin, picrate, piquette, tutu, sirop, pif, picmuche, 12,5°, raisiné, gros-qui-tache, ginglet, pive, pivois, jus de la treille...

AU MENU
DU MOIS DE

Février

LE CHEF
VOUS PROPOSE

À propos de Bernard Loiseau
Dîner sur la lune
Butinage de Michel Chabran
Grenouilles Clint Eastwood
Grenouilles façon Georges Blanc
Rognons blancs façon Gerra
Bugnes de Mardi gras

Février du 1er au 7

Agenda gourmand

DÉBUT FÉVRIER : Food'Angers, festival des vins de Loire et de la gastronomie. Salon des vins de Loire à Angers.

PREMIER WEEK-END DE FÉVRIER : Percée du vin jaune (Jura).

3 FÉVRIER : Journée mondiale du gâteau à la carotte.

Bibliothèque gourmande

Le vide de l'estomac produit le vide du cerveau. Notre raison, tout indépendante qu'elle se croie, respecte les lois de la digestion, et on pourrait dire, peut-être avec autant de justesse que La Rochefoucauld l'a dit du cœur, que les bonnes pensées viennent du ventre.

Honoré de Balzac, *Traité des excitants modernes*, 1839

« La mayonnaise est la plus noble conquête de l'homme après le cheval. »

Frédéric Dard

La contrepèterie de la semaine

Les chasseuses aiment tirer des groupes de cailles.

Vous vous y connaissez en cuisine ? On va voir ça. Attribuez à chacun de ces termes culinaires la bonne définition.

Le jeu des termes culinaires

Nappage 1	A Mélange de beurre et de farine mouillé d'eau
Persillade 2	B Sauce à base de jaune d'œuf cuisinée au bain-marie
Roux 3	C Mélange de vinaigrette et de persil
Sabayon 4	D Blanc de volaille
Salpicon 5	E Saupoudrer de farine
Suprême 6	F Sucre roux
Singer 7	G Jus de raisins verts remplaçant le vinaigre
Salmis 8	H Badigeonnage à base de gelée de fruits
Vergeoise 9	I Aliments coupés en dés
Verjus 10	J Gibier cuisiné au vin rouge

Solution : 1/H, 2/C, 3/A, 4/B, 5/I, 6/D, 7/E, 8/J, 9/F, 10/G

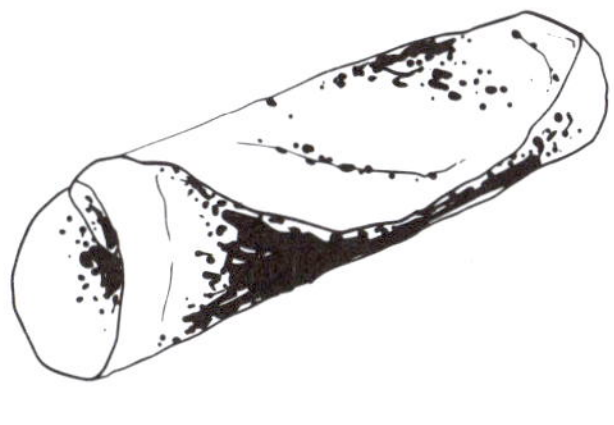

Les crêpes de la Chandeleur

Pour la Chandeleur, tout le monde fait des crêpes. Quand j'étais petit, la tradition était de tenir en main une pièce ou un bijou en or pour faire sauter la crêpe. Si elle retombait dans la poêle, on était riche toute l'année… Bon, ça n'a pas toujours réussi.

La tradition, chez les paysans, était aussi de garder la première crêpe en haut d'une armoire pour assurer de bonnes récoltes et éloigner la misère…

En cuisine avec Bernard Loiseau

Parmi les chefs cuisiniers que j'admire et qui, parfois, sont devenus des copains, Bernard Loiseau occupe une place spéciale. C'était un type extraordinaire, un immense cuisinier, toujours au taquet. Ça m'a fait beaucoup de peine quand il est parti, en 2003. Il avait une particularité, c'était de ne pas trop aimer se mettre en lumière. La plupart des chefs, et c'est normal, se rendent en salle pour faire le tour des tables, mais lui ne voulait pas en entendre parler, il passait juste la tête par la porte de la cuisine pour voir si tout allait bien. Quand je n'avais pas le moral, j'allais le voir, à Saulieu, et je savais que ce serait toujours un bon moment. Il avait pris la succession d'Alexandre Dumaine, surnommé le « cuisinier des rois » et le « roi des cuisiniers », l'un des plus grands chefs de l'histoire gastronomique française, à la tête de La Côte d'Or, qu'il rebaptisa plus tard Relais Bernard Loiseau et qui obtint trois étoiles au Michelin. Bernard avait une doctrine : « Pas plus de trois saveurs dans l'assiette. » Mais quelles saveurs ! Parmi ses spécialités, comme la poularde demi-deuil, spécialité de la Mère Brazier, figure inoubliable de la gastronomie lyonnaise, dont le restaurant a été remarquablement repris par le chef Mathieu Viannay. Bernard avait créé une recette de grenouilles innovante et déstructurée : les jambonnettes de grenouilles, accompagnées d'une purée d'ail et d'une purée de persil. L'ail, plus il est cuit, plus il est doux. Et quand vous trempiez votre jambonnette dans sa purée d'ail, quel souvenir !

> « On dit que le chien est le meilleur ami de l'homme, c'est faux. Moi je dis que c'est le tire-bouchon. »
>
> **Jean-Jacques Peroni**

Agenda gourmand

Fête du citron à Menton.

MI-FÉVRIER : Fête du poisson à Théoule-sur-Mer.

Dicton du jour

14 février : saint Valentin
Si tu oublies la Saint-Valentin, ce soir tu feras tintin.

UNE anecdote DE TABLE

Complètement toqué

C'est Antonin Carême, le « cuisinier des rois et roi des cuisiniers », qui inventa la forme des toques des chefs, au XIXe siècle, en s'inspirant de la colonne corinthienne.

À TABLE AVEC

Michel Chabran

Michel Chabran, ça a été une vraie rencontre. Mon copain Claude Bouillon me dit: «Si tu passes à Valence, va chez Chabran, à La Grande Table.» On se voit, on goûte des Cornas, un vin du Rhône sublime, et l'après-midi file, comme un rêve. Chabran, Michel Rostang, Jean-Paul Lacombe, c'est la vieille école de la cuisine, ainsi que des fous de bagnoles qui faisaient des rallyes. Il m'a raconté ses débuts, quand il était apprenti. À l'époque, ils passaient leur vie au restaurant, dormaient très peu, partaient faire le marché le matin aux halles. Ils apprenaient le métier avec des chefs très durs mais qui avaient à

Scène culte

LE DÎNER NOCTURNE DE *CALMOS*

De Bertrand Blier, avec Jean-Pierre Marielle et Jean Rochefort, sorti le 11 février 1976

Paul : Qu'est-ce que t'as ? Ça va pas ?

Albert : J'ai pas faim...

Paul : Mais moi non plus, j'ai pas faim ! En v'là une excuse... Attention, Albert ! Si tu commences à te dégoûter, t'es bon pour retourner chez Geneviève, à becqueter son cachou !

> « Dans les débuts d'une aventure, la bouffe prépare la baise ; sur la fin elle la remplace. »
>
> Frédéric Dard

Bibliothèque gourmande

Le dîner sur la lune

«Où voulez-vous aller? me dit-il. Tantôt nous sortirons à la promenade, mais maintenant il est saison de manger. Achevez votre potage et puis nous ferons venir autre chose.

– Hé! où diantre est ce potage? lui criai-je, tout en colère. Avez-vous fait gageure de vous moquer tout aujourd'hui de moi?

– Je pensais, me répliqua-t-il, que vous eussiez vu, à la ville d'où nous venons, votre maître, ou quelque autre, prendre ses repas, c'est pourquoi je ne vous avais point entretenu de la façon dc sc nourrir cn ce pays. Puis donc que vous l'ignorez encore, sachez que l'on n'y vit que de fumée.»

Savinien de Cyrano de Bergerac, *L'Autre Monde ou les Estats et Empires de la Lune* (1649)

Février du 15 au 22

Agenda gourmand

TROISIÈME LUNDI DE FÉVRIER :
Foire aux andouilles du Val-d'Ajol.

Dicton du jour

19 février : saint Gabin
À la Saint-Gabin, mange du boudin.

Avec la vigneronne Anita Kuhnel, qui s'occupe de mon moulin-à-vent.

Bibliothèque gourmande

Traité de bon usage du vin

Le vin vous donnera le jour durant des selles fermes et assurées, que le sage Épistémon nomme papales, car elles sont par nature infaillibles. Qui au contraire boit dès le matin de l'eau ou quelque liquide analogue sera ramolli et cul-pendant jusqu'aux ultimes heures vespérales; et il se couchera en sueur et aura des cauchemars. Et au contraire qui boit du vin aura la conscience tranquille et l'esprit paisible jusqu'au crépuscule; et ainsi jour après jour et derechef.
Et le vin vous donnera pisse saine et rose, veloutée comme bois de cerf.
Alors que les buveurs d'eau l'auront trouble et soufrée.
Et le vin vous donnera une verge puissante et belle, que vous brandirez à volonté et observerez avec contentement. Alors que les buveurs d'eau l'auront pleine de bulles et de hoquets.

François Rabelais

Le jeu des termes culinaires

Rendez chacun de ces vins à sa région d'origine.

Margaux **1** — **A** Sud-Ouest
Volnay **2** — **B** Beaujolais
Gigondas **3** — **C** Côte de Beaune (Bourgogne)
Madiran **4** — **D** Beaujolais
Fleurie **5** — **E** Châteauneuf-du-Pape (vallée du Rhône)
Chinon **6** — **F** Médoc (Bordelais)
Morgon **7** — **G** Loire
Jurançon **8** — **H** Alsace
Sylvaner **9** — **I** Sud-Ouest
Entre-deux-mers **10** — **J** Bordeaux

Solution : 1/F, 2/C, 3/E, 4/A, 5/B, 6/G, 7/D, 8/I, 9/H, 10/J

> « Il y a des gens chez qui le dégourdissement du vin est si puissant que leurs jambes deviennent plus fermes et l'oreille excessivement fine. J'ai connu un individu dont la vue affaiblie retrouvait dans l'ivresse toute sa force perçante primitive. Le vin changeait la taupe en aigle. »
>
> Charles Baudelaire

Le jour où j'ai donné la recette des grenouilles à Clint Eastwood

En février 2007, Clint Eastwood présente à l'Institut Lumière de Lyon ses deux films sur la guerre du Pacifique, *Mémoire de nos pères* et *Lettres d'Iwo Jima*. Mon copain Thierry Frémaux me propose gentiment d'assister à la séance. J'y retrouve Bertrand Tavernier et, après la projection, nous avons la chance de passer un moment avec Clint Eastwood. La conversation tourne bientôt sur la bouffe et la gastronomie lyonnaise et, je ne sais pas pourquoi, vu que les Américains ne connaissent pas les grenouilles, je lui dis : *« Have you tasted french frogs? »*

Il me répond : *« No, no. »*

Donc on commence à lui expliquer la recette, avec Bertrand Tavernier. Le beurre qui chante – une plaquette entière dans la poêle, selon la recette de Georges Blanc –, les grenouilles, et après *garlic and persil*, « ail et persil », pour la persillade…

Ce n'était pas évident d'échanger avec Clint Eastwood dans mon anglais approximatif, alors que lui ne connaissait qu'une seule expression en français : *« Et mon cul, c'est du poulet ? »*

Plus tard, après avoir dîné ensemble chez Léon de Lyon, il m'a demandé ce qu'il fallait prendre.

« Ben, chicken for you! »

La contrepèterie DE LA SEMAINE

Madame aime un bon marc après la dînette.

··· LA RECETTE DU CHEF ···

Les cuisses de grenouille

POUR 4 PERSONNES

- 800 g de cuisses de grenouille
- 320 g de beurre
- Farine
- Persillade
- Sel, poivre

- Laver 800 g de cuisses de grenouille, puis les sécher dans un linge.
- Faire fondre le beurre à feu vif dans une poêle. Il faut que le beurre soit mousseux.
- Passer les cuisses de grenouille dans la farine juste avant la cuisson.
- Mettre les cuisses de grenouille dans la poêle. Saler, poivrer.
- Dès qu'elles commencent à dorer, les retourner délicatement une à une avec une fourchette et baisser le feu.
- Présenter dans un plat en fonte. Verser le beurre de cuisson en ajoutant un peu de beurre frais pour obtenir une consistance mousseuse.
- Saupoudrer d'une persillade (persil, ail et cerfeuil hachés). Servez aussitôt.

Les grenouilles, ça paraît très simple, mais en fait c'est super difficile à réussir. Tout est dans la consistance du beurre: trop cuit ou pas assez, c'est raté. Georges Blanc m'a confié ce truc qui a changé ma vie: il faut que le beurre «chante»...

« De tous les arts, celui qui nourrit le mieux son homme est l'art culinaire. »

Pierre Dac

Février du 23 au 28

Agenda gourmand

24 FÉVRIER : Journée mondiale des barmen.

FIN FÉVRIER : Salon des vins et de la gastronomie au Havre.

••• LA RECETTE DU CHEF •••

Les bugnes de Mardi gras

POUR 4 PERSONNES

- 200 g de farine
- 2 œufs
- 50 g de sucre
- Un peu de fleur d'oranger
- Huile de friture
- Sucre glace
- Sel

- Faire une pâte en mélangeant la farine, les œufs et le sucre. Ajouter une pincée de sel et quelques gouttes de fleur d'oranger ou de rhum. Malaxer à la main pour former une boule, puis laisser reposer au frais pendant 1 ou 2 heures.
- Étaler la pâte au rouleau, puis coupez les bugnes: des lamelles de 10 cm sur 3.
- Inciser au centre, puis faire frire dans l'huile jusqu'à ce que les bugnes soient dorées.
- Égoutter sur du papier absorbant en saupoudrant de sucre glace, et manger chaud!

Chez nous, dans l'Ain, on ne faisait pas de galette des rois à l'Epiphanie, mais des bugnes à Mardi-Gras. C'est une spécialité lyonnaise typique. Les enfants devaient faire le tour des voisins pour demander de la farine, du sucre ou des œufs pour les bugnes qui étaient servies au goûter. Moi, mon rôle était de découper la pâte pour ma mère ou ma grand-mère.

La contrepèterie DE LA SEMAINE

Les nouilles cuisent au jus de canne.

À table chez Chabert

Quand j'étais étudiant à Lyon, j'allais souvent déjeuner chez Chabert, un bouchon de la rue des Marronniers. Il était tenu à l'époque par Jean-Pierre Gillin, un chef à l'ancienne, l'œil pétillant et la moustache qui frise, qui avec sa femme Christiane proposait toutes les spécialités lyonnaises pour pas cher. C'est un dédale de petites salles sombres et chaleureuses, avec des vitraux, des fresques sur le thème de Guignol, plein de vieilles marionnettes, des tables de bois et de marbre.
Pour l'anecdote, le fameux Chabert n'a jamais existé. Jean-Pierre et Christiane ont trouvé dans une brocante une vieille photo d'un couple, et ils en ont fait l'image du bouchon Chabert, ce nom venant, dit-on, d'une expression de joueurs de boules. Depuis que Jean-Pierre Gillin nous a quittés, en 2013, le bouchon a été repris par sa fille Stéphanie et son gendre Xavier Midroit, un vrai copain.
Je me souviens que durant la crise de la vache folle, dans les années 1990, on ne pouvait plus manger de ris de veau, d'os à moelle, de langue, de salade de museau, bref : aucun abat de bœuf ou de veau. Pour remplacer les ris de veau ou les rognons, on prenait des « rognons blancs », des couilles d'agneau ou de mouton. Ça a l'air surprenant, mais c'est vraiment bon. Quand j'en fais goûter à des amis, je ne leur dis rien et, à la fin du repas : « Vous savez ce que vous avez mangé ? » « Non, mais c'était bon »... Et aujourd'hui chez Chabert, il y a à la carte « Les joyeuses d'agneau façon Laurent Gerra ».

··· LA RECETTE DU CHEF ···

Les rognons blancs

POUR 4 PERSONNES

- **1 kg de testicules de mouton préparés**
- **Vinaigre**
- **Bouquet garni**
- **Persillade (ail, persil)**
- **Beurre**
- **1 verre de vin blanc sec**
- **Sel, poivre**

- Faire dégorger les testicules de mouton dans de l'eau vinaigrée pendant 2 heures.
- Les faire blanchir dans une marmite d'eau salée vinaigrée, avec le bouquet garni, jusqu'à ébullition.
- Couper les testicules en tranches un peu épaisses, puis les saisir à la poêle avec la persillade et le beurre.
- Déglacer au vin blanc.

AU MENU
DU MOIS DE

Mars

LE CHEF
VOUS PROPOSE

Le festin de Trimalchion

Macaroni napolitain à la Dumas

Soupe à l'oignon des Négociants

Poulet chasseur façon grand-mère

Florilège de Léon de Lyon

Vinsobres, pouilly-fuissé, moulin-à-vent et côtes-de-provence

Mars du 1ER au 7

Agenda gourmand

PREMIER WEEK-END DE MARS : Sarlat Fest'Oie, la fête de l'oie et du foie gras.

Dicton du jour

5 mars : sainte Olive

À la Sainte-Olive, recrache les noyaux.

Viticulteur en Rhône-Alpes

Depuis 2006, je m'intéresse de plus en plus au vin et j'investis dans les vignes : je fais du pouilly-fuissé, du moulin-à-vent, du vinsobres, du saint-amour et du côtes-de-provence. Du rosé, du rouge, du blanc, le tout en restant fidèle à ma région Rhône-Alpes.

J'ai souvent dit qu'avoir son nom sur l'étiquette d'une bouteille était aussi gratifiant que de le voir au fronton de l'Olympia. Être producteur, c'est une fierté : celle de laisser une trace en travaillant un produit qui vient de la terre. Le vin me relie à mes racines campagnardes. Mais c'est aussi et surtout une histoire d'amitié, de rencontres et d'amour du terroir. L'important, c'est de pouvoir compter sur des gens qui travaillent bien. Quand on met son nom sur une étiquette, on s'engage. Il y a une obligation de résultat, un degré d'exigence élevé. Et c'est passionnant d'essayer d'atteindre l'excellence en défendant des vins de terroir, du côtes-du-rhône, du beaujolais, du provence, des vins parfois dénigrés mais qui peuvent avoir du caractère. Et puis le vin et le spectacle ont beaucoup de choses en commun : réunir les gens, les mettre de bonne humeur et leur donner du plaisir !

J'ai commencé un peu par hasard, en 2006, avec du blanc, en pouilly-fuissé. Mon père m'avait parlé d'une famille de vignerons, Josette Chaumont et son fils Didier, dont le domaine devait être mis en vente, au risque pour eux de perdre le travail de toute une vie. J'ai décidé de les aider pour qu'ils puissent continuer à exploiter leur domaine. J'ai acheté deux hectares, mais je ne voulais pas juste investir : « Je mets des billes, mais vous me faites une cuvée ! » C'est comme ça qu'en 2007 ma première cuvée de pouilly-fuissé est née, avec sur l'étiquette un mainate, l'oiseau-imitateur...

Le jeu des expressions lyonnaises

Le parler lyonnais a ses expressions, et sa façon parfois imagée d'évoquer la cuisine. Essayez de retrouver la signification de ces termes…

Le baraban **1**	**A** La chapelure
La courle **2**	**B** Le cochon
Le cayon **3**	**C** Le potiron
La doucette **4**	**D** Le grumeau
Le clapoton **5**	**E** Le pissenlit
La panure **6**	**F** Le pied-de-mouton
Le caton **7**	**G** La mâche
Le goiffon **8**	**H** La crêpe épaisse
Le pourreau **9**	**I** Le goujon
Le matefaim **10**	**J** Le poireau

Solution : 1/E, 2/C, 3/B, 4/G, 5/F, 6/A, 7/D, 8/I, 9/J, 10/H

Un bon saucisson chaud
sauce au vin rouge !

Bibliothèque gourmande

La lecture d'un livre d'or fiche le mouron à n'importe quel professionnel de la prose. L'angoisse le prend de ne pouvoir aligner, même en se raclant dur, du moindre cornichon que les trouvailles des plumitifs célèbres priés d'improviser à l'heure où l'estomac a vidé le cerveau de son sang. Un chef d'orchestre s'en est mieux sorti: «Pas une fausse note dans ce déjeuner; on voit que le chef est un confrère.»

Fanny Deschamps, *Croque-en-bouche* (1976)

Bibliothèque gourmande

Les chansons à boire de monsieur Jourdain

Buvons, chers amis, buvons:
Le temps qui fuit nous y convie;
Profitons de la vie
Autant que nous pouvons.
Quand on a passé l'onde noire,
Adieu le bon vin, nos amours;
Dépêchons-nous de boire,
On ne boit pas toujours.

Laissons raisonner les sots
Sur le vrai bonheur de la vie;
Notre philosophie
Le met parmi les pots.
Les biens, le savoir et la gloire
N'ôtent point les soucis fâcheux,
Et ce n'est qu'à bien boire
Que l'on peut être heureux.
Sus, sus, du vin partout, versez, garçons, versez,
Versez, versez toujours, tant qu'on vous dise assez.

Molière, *Le Bourgeois gentilhomme*, 1671

La contrepèterie
DE LA SEMAINE

La vache qui rit.

> « Le vin est la partie intellectuelle d'un repas. »
>
> Alexandre Dumas

Agenda gourmand

MI-MARS : Foire au boudin noir de Mortagne-au-Perche. Foire au jambon à Bayonne.

Bibliothèque gourmande

Les bégueules

Celle-ci ne peut manger que du pain de gruau. La vue des huîtres fait lever le cœur de celle-là; une autre dédaigne le potage, il lui faut du bouillon. L'odeur d'un ragoût, la présence d'un poisson, le fumet d'un gibier faisandé, l'onctuosité d'un macaroni, le parfum du fromage leur font jeter à toutes les hauts cris. Elles remarquent la capacité de votre verre, l'intensité de votre appétit, la fréquence de vos importations. Vous les blessez en sablant le champagne, elles font la grimace à chaque verre de liqueur que vous avalez, si vous entonnez gaiement une chanson de table, elles se cachent la figure derrière leur mouchoir, ou lèvent le siège en faisant semblant de rougir. Fuyez donc à tire-d'aile les bégueules, elles sont encore pires à table qu'en amour.

A.-B. de Périgord (de son vrai nom Horace-Napoléon Raisson), *Nouvel almanach des gourmands* (1925)

La contrepèterie DE LA SEMAINE

Mon flan est bien goûtu!

À l'attaque du moulin-à-vent

Le nom, déjà, c'est toute une histoire, qui fait irrésistiblement penser à don Quichotte partant au galop, lance en avant contre des moulins qu'il prend pour des géants. L'appellation est cependant due à l'authentique moulin qui domine les vignes de ce terroir. En 2007, un an après avoir modestement démarré mon activité de vigneron dans le pouilly-fuissé, j'achète deux hectares de vignes à Romanèche-Thorens, dans le moulin-à-vent, dont s'occupe avec brio la vigneronne Anita Kuhnel. C'est un beaujolais vif et rafraîchissant, en cépage de gamay noir. On est dans ma région, à quelques kilomètres de Lyon, et je suis fier de défendre le beaujolais, souvent sous-coté par rapport à son voisin bourguignon.

Plus récemment, j'ai continué dans la région avec du saint-amour. Puis en côtes-du-rhône avec du vinsobres. Là encore, de bien jolis noms...

Avec Anita Kuhnel, dans mes vignes de moulin-à-vent.

JEU

Le jeu de la bouteille : de la fillette au nabuchodonosor

Petit jeu pour amateurs de bouteilles : rendez à chaque type de bouteille sa contenance.

Mathusalem 1	A 37,5 centilitres
Jéroboam 2	B 6 litres
Fillette 3	C 15 litres
Nabuchodonosor 4	D 3 litres
Réhoboam 5	E 4,5 litres

Solution : 1/B, 2/D, 3/A, 4/C, 5/E

Bibliothèque gourmande

Le festin de Trimalchion

Sur un plateau destiné aux hors-d'œuvre était un petit âne en bronze de Corinthe, portant un bissac qui contenait d'un côté des olives blanches, de l'autre des noires. Sur le dos de l'animal étaient deux plats d'argent sur le bord desquels étaient gravés le nom de Trimalchion et le poids du métal. Des arceaux en forme de ponts soutenaient des loirs assaisonnés avec du miel et des pavots. Plus loin, des saucisses brûlantes sur un gril d'argent; et, au-dessous du gril, des prunes de Syrie et des grains de grenade. Cependant, un nouveau prodige attira bientôt tous les regards: c'était un surtout en forme de globe, autour duquel étaient représentés les douze signes du zodiaque, rangés en cercle. Au-dessus de chacun d'eux, le maître d'hôtel avait placé des mets qui, par leur forme ou leur nature, avaient quelque rapport avec ces constellations: sur le Bélier, des pois chiches; sur le Taureau, une pièce de bœuf; sur les Gémeaux, des rognons et des testicules; sur le Cancer, une simple couronne; sur le Lion, des figues d'Afrique; sur la Vierge, une matrice de truie; au-dessus de la Balance, un peson qui, d'un côté, soutenait une tourte, de l'autre, un gâteau; au-dessus du Scorpion, un petit poisson de mer; au-dessus du Sagittaire, un lièvre; une langouste sur le Capricorne; sur le Verseau, une oie; deux surmulets sur les Poissons. Au centre de ce beau globe, une touffe de gazon artistement ciselée supportait un rayon de miel. Un esclave égyptien nous présentait à la ronde du pain chaud dans un petit four d'argent; […] au son des instruments, quatre esclaves s'élancent vers la table, et enlèvent, en dansant, la partie supérieure de ce globe. Soudain se découvre à nos yeux un nouveau service: des volailles engraissées, une tétine de truie, un lièvre avec des ailes sur le dos, qui figurait Pégase. Nous remarquâmes aussi, dans les angles de ce surtout, quatre satyres qui portaient de petites outres d'où s'écoulait une saumure poivrée, dont les flots allaient grossir l'euripe où nageaient des poissons tout accommodés. À cette vue, tous les valets d'applaudir, et nous de les imiter. Ce fut alors avec un rire de satisfaction que nous attaquâmes ces mets exquis.

Attribué à Pétrone, *Satyricon* (Ier siècle)

Les écrevisses de Michel Rochedy

C'était au cours d'une tournée, en mars 2016. Nous venions de jouer à Albertville, et nous en avions profité pour nous offrir un week-end de ski. Un ami de Courchevel m'avait recommandé Le Chabichou, de Michel Rochedy : « Allez-y de ma part, il vous fera un petit frichti en sortant du spectacle. » Ce jour-là, le pauvre Michel Rochedy était souffrant et nous n'avons pas eu l'occasion de nous rencontrer, mais il avait laissé dans ma chambre son livre de recettes, que j'avais – c'est le cas de le dire – dévoré.

Le lendemain matin, avant de partir au ski, je le croise à la réception, et je lui parle de sa recette d'écrevisses, qui avait éveillé en moi de lointains souvenirs d'enfance, quand mon arrière-grand-mère nous en servait aux repas de famille.

Avec Michel Rochedy et le chef Arafat Ferraki dans les cuisines de l'Auberge de l'Europe, à Louhans, dans la Bresse.

Le soir, quand nous sommes descendus pour le dîner, Rochedy et ses aides nous ont apporté une énorme bassine en cuivre remplie d'écrevisses, et nous nous sommes retrouvés avec des tabliers, des bavoirs noués autour du cou, à nous lécher les doigts devant ces merveilles. En tournée, faire une petite pause de deux jours pour skier et être reçu comme ça, c'est une bénédiction.

> « La gastronomie est une profession de foie. »
> **Paul Carvel**

du 15 au 22 **Mars**

Agenda gourmand

MI-MARS : Fête du cochon et de la basse-cour au Mans.

16 MARS : Journée mondiale des cœurs d'artichaut.

19 MARS : Fête de la volaille.

26 MARS : Fête des épinards.

La contrepèterie
DE LA SEMAINE

Il faut faire attention quand on a un canard sur le feu.

À TABLE AVEC Ennio Morricone

Fin mars 2015, Ennio Morricone, le grand compositeur de musiques de films, était venu donner un concert à la Halle Tony-Garnier à Lyon. En ouverture, il joua en avant-première la musique d'*En mai fais ce qu'il te plaît,* un film de Christian Carion sur les oubliés de l'exode de mai 1940, qui allait sortir en fin d'année (et dans lequel je joue M. Albert, un villageois qui refuse de quitter sa cave…). Qu'un compositeur de la taille d'Ennio Morricone mette en musique un film auquel vous participez, c'est déjà énorme, mais en outre nous avons eu la chance de dîner avec lui, Christian Carion et Thierry Frémaux, au Grand Café des Négociants, après le concert. L'occasion pour moi d'échanger quelques mots en italien avec le maestro.

LA RECETTE DE

Philippe Pelisson

La soupe à l'oignon gratinée, version «pour les amis»

POUR 4 PERSONNES

- 600 g d'oignons
- 60 g de beurre
- 25 g de farine
- 150 cl de bouillon de volaille
- 20 cl de vin blanc sec
- 2 feuilles de laurier
- 1 œuf
- 5 cl de cognac
- 4 cl de porto
- 4 belles tranches de pain de campagne
- 150 g de vieux comté
- Sel, poivre

Cette gratinée a été servie à plusieurs occasions lors de dîners mémorables, notamment le 17 mars 2015 en l'honneur du maestro Ennio Morricone, la veille de son concert donné à la Halle Tony-Garnier, ou encore le 10 décembre 2013 pour Alain Delon après la représentation de sa pièce de théâtre Une journée ordinaire…

- Éplucher et émincer finement les oignons, puis les faire revenir à feu doux dans le beurre pendant 15 à 20 minutes.
- Saupoudrer ces oignons de farine et mélanger pendant 1 minute.
- Mouiller avec le bouillon de volaille et le vin blanc.
- Saler et poivrer. Ajouter les feuilles de laurier.
- Laisser cuire 30 minutes à couvert, en remuant de temps en temps.
- Battre un œuf au fouet, puis l'incorporer dans la soupe, hors du feu, tout en continuant à le fouetter.
- Verser le cognac et le porto.
- Répartir la préparation dans des soupières individuelles, puis disposer délicatement les tranches de pain de campagne préalablement grillées et légèrement beurrées sur la soupe.
- Parsemer ces tranches de pain de vieux comté râpé.
- Faire gratiner et servir.

> « Je suis comme un bon fromage. Je suis juste assez moisi pour être intéressant. »
> **Paul Newman**

Le macaroni napolitain selon Alexandre Dumas

Bibliothèque gourmande

Écoutez et retenez bien. Voici la vraie, la seule, l'unique recette du macaroni napolitain: achetez votre macaroni chez un traiteur italien. Il y a deux sortes de macaroni: le gros macaroni, qu'on appelle à Naples le *strozza-preti,* c'est-à-dire l'étouffe-prêtres; et le petit macaroni, qu'on appelle *macaroncello.*

Le *macaroncello* est plus délicat. Je vous recommanderai donc le *macaroncello,* quoique je ne vous empêche pas de choisir, si vous l'aimez mieux, l'étouffe-prêtres.

Voici comment il faut procéder pour un dîner de douze personnes, si vous voulez dîner à 6 heures du soir, il faut à 11 heures du matin prendre:

- quatre livres de gîtes à la noix;
- une livre de jambon fumé cru;
- quatre livres de tomates;
- quatre gros oignons blancs, thym, laurier, persil, une gousse d'ail.

Faire cuire en remuant pendant trois heures.

Au bout de trois heures, mouiller avec de l'eau ordinaire, jusqu'à ce que la partie la plus élevée du bœuf ne fasse qu'une petite île de la largeur d'un écu de six francs.

Faire cuire et réduire pendant quatre heures. Puis faire bouillir votre *macaroncello* à grande eau. Il faut que l'eau soit salée.

Goûtez de temps en temps. Cassez-le entre vos doigts; le macaroni trop cuit ne vaut rien. Il faut, selon l'expression napolitaine, que *cresca in corpo,* c'est-à-dire qu'il renfle dans le corps. Le degré de cuisson est une affaire de sentiments; quand vous l'aurez manqué deux fois, vous le réussirez une troisième.

Dès que vous tiendrez le macaroni pour cuit, vous le tirerez du feu, et verserez dans l'eau bouillante une carafe d'eau froide, afin qu'il ne cuise pas d'un degré de plus. Puis vous le versez dans une passoire, afin d'en extraire toute l'eau.

Vous avez votre soupière vide. Autour de votre soupière vide, votre jus de viande, votre parmesan râpé et votre macaroni fumant.

Il faut du parmesan de première qualité. Vous prenez une poignée de parmesan, vous en faites un fond pour votre soupière.

Sur le lit de fromage, vous mettez un lit de macaroni.

Sur le lit de macaroni, un lit de jus de viande.

Sur le lit de jus de viande, un lit de fromage.

Et ainsi de suite, en alternant fromage, macaroni, jus de viande, macaroni, fromage.

Puis, quand la soupière est pleine, vous bouchez hermétiquement et vous servez au bout de dix minutes.

Alexandre Dumas, *Propos d'art et de cuisine* (1877)

Mars du 23 au 31

Agenda gourmand

FIN MARS : Foire aux fromages et aux vins de Coulommiers.

WEEK-END PASCAL : Fête du cabri à La Désirade (Guadeloupe).

La contrepèterie DE LA SEMAINE

J'aime les chinons.

La charte des bouchons

Le 24 mars 1997, l'Association pour la défense des bouchons lyonnais émet une charte pour promouvoir les établissements de qualité. Je ne citerai que son article premier, qui dit tout :

« Mérite l'appellation d'authentique bouchon lyonnais un établissement qui se conforme à la tradition de la cuisine lyonnaise faite essentiellement de cochonnailles et autres "gognandises" carnées arrosées de vin en pots, le tout servi dans une ambiance conviviale et avec générosité. »

> « L'eau, fatale boisson, nuisible en un repas,
> Refroidit l'estomac qui ne digère pas:
> Bois-en, soit, mais très peu, si la soif te talonne;
> Assez, pas trop: ainsi la sagesse l'ordonne. »
>
> Jean de Milan, *Les Aphorismes de Salerne*, (XIe siècle)

LES RECETTES DE

ma grand-mère

Le poulet chasseur

POUR 6 PERSONNES

- 1 ou 2 poulets fermiers
- 1 ou 2 oignons
- 1 cuillère à soupe de farine
- 500 g de tomates
- 4 gousses d'ail
- 3 échalotes
- Vin blanc sec
- Laurier, thym, persil
- 250 à 300 g de champignons au choix
- Sel, poivre

- Découper les poulets.
- Dans une poêle, faire roussir les morceaux avec un ou deux oignons.
- Saler, poivrer, laisser mijoter avec couvercle 15 à 20 minutes environ.
- Faire un roux avec la farine.
- Préparer un concassé de tomates avec 2 gousses d'ail et les échalotes.
- Ajouter le vin blanc chaud et laissez cuire trois quarts d'heure.
- On peut ajouter un peu d'eau ou du bouillon (préparé avec du laurier, du thym, du persil, et une ou deux gousses d'ail écrasées).
- Passer les champignons au beurre et les ajouter, puis laisser cuire le tout une heure environ à feu doux.
- On peut aussi ajouter un peu de vin blanc une demi-heure avant de servir.

Dicton du jour

29 mars: saint Alban

Un coup de blanc à la Saint-Alban, un pastis à la Sainte-Gladys!

À table chez Léon de Lyon

Lorsque j'ai repris Léon de Lyon, l'une de nos premières clientes fut Isabelle Adjani, qui a été adorable. C'était vraiment touchant. Je crois que le lieu lui a plu autant que la cuisine. Comme elle l'a dit, « ça n'existe plus à Paris, une maison comme ça ». Un restaurant conçu comme une maison, accueillant, foisonnant, avec des ambiances différentes d'une salle à l'autre, comme la salle des voûtes où Gérard Collomb a sa table, toujours dans le même coin. Christian Clavier est venu plusieurs fois, comme Pierre Perret ou Pierre Arditi. Max von Sydow y a fêté ses 90 ans. Thierry Frémaux est un grand habitué, mais lui, il est comme moi, il aime bien la gamelle. Et chaque fois, à chacun d'eux, je disais : « Goûtez la quenelle, goûtez la quenelle, c'est une des meilleures ! »

C'est chez Léon que j'ai vu Bertrand Tavernier pour la dernière fois. En fin gastronome féru de littérature, il m'avait apporté un essai sur Brillat-Savarin. Avec lui, nous passions toujours beaucoup de temps à parler de bouffe. « Est-ce que tu connais ceci ? Est-ce que tu as goûté ça ? » Je crois qu'il n'y a qu'en France où on peut autant parler de lyonnaiseries, même en mangeant !

Avec Bertrand Tavernier, dans les salons de l'hôtel de ville de Lyon.

Le jeu du rouge ou blanc

Pas dur : c'est du rouge ou c'est du blanc. Pour chaque cépage, vous avez une chance sur deux...

1 Roussanne
2 Muscat
3 Viognier
4 Merlot
5 Cabernet franc
6 Chardonnay
7 Syrah
8 Grenache
9 Pinot noir
10 Chenin

Solution : 1. blanc, 2. blanc, 3. blanc, 4. rouge, 5. rouge, 6. blanc, 7. rouge, 8. rouge, 9. rouge, 10. blanc

Scène culte

LES VIGNES DU SEIGNEUR

De Jean Boyer (1958), avec Fernandel, Pierre Dux, Simone Valère...

Hubert : Trois whiskies ! Tu dois te sentir mieux !

Henri Levrier : Oui, j'en veux plus.

Hubert : Tu as raison.

Levrier : J'aimerais mieux un peu de cognac.

Hubert : Diable !

Levrier : Oui, parce que après ça, je m'sentirai tout à fait bien !

Hubert : Heureusement que tu es entraîné. Moi, je serais déjà ivre mort.

AU MENU
DU MOIS D'

Avril

LE CHEF
VOUS PROPOSE

Saveurs des mères lyonnaises

Poisson d'avril

Morilles de printemps en cueillette

Morilles à la crème façon grand-mère

Embrouillarde de cuisses de grenouille tout en vert de Georges Blanc

Madeleines de Proust

Goût de pomme à la Tontons flingueurs

Avril du 1ER au 7

Agenda gourmand

DÉBUT AVRIL : Foire internationale aux fromages et aux vins de Coulommiers.

Bibliothèque gourmande

Le glouton

À son souper, un glouton
Commande qu'on lui apprête
Pour lui seul un esturgeon,
Sans en laisser que la tête.
Il soupe, il crève. On y court,
On lui donne maint clystère;
On lui dit, pour faire court,
Qu'il mette de l'ordre à ses affaires.
«Mes amis, dit le goulu,
M'y voilà tout résolu:
Et, puisqu'il faut que je meure
Sans faire tant de façon,
Qu'on m'apporte tout à l'heure
Le reste de mon poisson.»

Jean de La Fontaine, *Contes* (1685)

“Si les amants du vin et de l'amour vont en enfer, Alors le paradis est nécessairement vide.”

Omar Khayyâm

Le jeu des plats qui sont devenus des expressions

Rendez à chaque plat sa signification en langage familier.

Une purée de pois **1**	**A** Une question épineuse
Mettre la viande dans le torchon **2**	**B** Une personne butée
La patate chaude **3**	**C** Aller au lit
La cerise sur le gâteau **4**	**D** Une coiffure très frisée
Une tête de cochon **5**	**E** Quelque chose de peu onéreux
Une choucroute **6**	**F** Quelqu'un de gentil
Un bœuf-carottes **7**	**G** Le détail qui améliore le tout
Une bouchée de pain **8**	**H** Du brouillard
Une bonne pâte **9**	**I** Un fonctionnaire de la police des polices
Une pomme à l'eau **10**	**J** Un idiot

Solution : 1/H, 2/C, 3/A, 4/G, 5/B, 6/D, 7/I, 8/E, 9/F, 10/J

UNE **anecdote** DE TABLE

Poisson d'avril

En 1564, le roi Charles IX, fils de Catherine de Médicis et charmant inspirateur du massacre de la Saint-Barthélemy, publia l'édit de Roussillon, dans lequel était proclamé que, dans tout le royaume de France, l'année commencerait désormais officiellement le 1er janvier, et non à des dates fluctuant d'une région à l'autre, comme c'était alors le cas. Pour certains, les fêtes de fin – et de début – d'année se déroulaient du 25 mars au 1er avril et, bientôt, tous ceux qui continuaient à fêter le 1er avril devenaient la cible de moqueries.
Pourquoi un poisson ? Pour les uns, il s'agit d'un symbole chrétien des fêtes de Pâques, pour d'autres de celui de la fin de la saison de la pêche, au début du frai.
Mais au début du siècle dernier, le 1er avril était surtout la fête des amours cachées. La coutume était d'envoyer une carte anonyme décorée d'un poisson à celle qu'on aimait secrètement. À charge pour celle-ci de découvrir qui l'avait envoyée.

Les mères lyonnaises

Tout le monde a entendu parler des plus célèbres : la mère Brazier, la mère Blanc ou la mère Poulard, connue pour ses omelettes au Mont-Saint-Michel. Ce sont ces femmes, ces centaines de cuisinières, qui ont fait la réputation culinaire de Lyon, au début du siècle dernier, avec une cuisine simple qu'on appelait « bourgeoise », et qui devint très courue dans les années 1930. La mère Bourgeois, à Priay, dans l'Ain, ou la mère Brazier à Lyon, rue Royale, ont fini par obtenir trois étoiles au Michelin. Bocuse, entre autres, a démarré comme apprenti chez la mère Brazier.

Il y en avait beaucoup d'autres, comme la mère Vittet, près de la gare de Perrache ; la mère Léa, qui allait au marché Saint-Antoine avec une charrette sur laquelle était inscrit « Attention : faible femme mais forte gueule ! ».

Il y avait aussi la mère Blanc, à Vonnas, en Bresse, célèbre pour son poulet à la crème et distinguée du titre de « meilleure cuisinière du monde » par le critique gastronomique Curnonsky. Sa fille Paulette lui a succédé, puis son petit-fils, mon ami Georges Blanc, trois étoiles au Michelin. Georges m'a confié les derniers mots qu'elle lui a adressés, sur son lit de mort : « N'oublie jamais la pointe de vinaigre dans le poulet à la crème ! »

> « L'arête est la vengeance du poisson. » Tristan Bernard

UNE **anecdote** DE TABLE

Le 1er avril chez Point

Fernand Point, le premier chef à avoir obtenu trois étoiles au Michelin, dans l'entre-deux-guerres, pour son restaurant La Pyramide à Vienne (Isère), était un bon vivant à forte personnalité qui, dit-on, buvait un magnum de champagne chaque jour. Le patron et sa brigade avaient un goût particulier pour les farces, si bien que lorsque le vestiaire du personnel prit feu, un 1er avril, les pompiers de Vienne ne se déplacèrent pas, croyant à un poisson d'avril. Le personnel parvint néanmoins à éteindre le feu à grand renfort de seaux d'eau.

Agenda gourmand

Fête de la coquille Saint-Jacques des Côtes-d'Armor à Erquy.

Bibliothèque gourmande

Chansons à manger

Quel plaisir, lorsque avec furie
Après la bisque et le rôti
Un entremets bien assorti
Vient réveiller la mangerie!
Quand tu mords dans un bon melon
Trouves-tu liqueur qui le vaille?
Ô mon très cher ami, je suis pour la mangeaille:
Il n'est rien tel qu'être glouton.

Paul Scarron (1610-1660)

UNE anecdote DE TABLE

Le petit-beurre

C'est le 9 avril 1888 que Louis Lefèvre-Utile commercialise le petit-beurre LU. Un gâteau sec dont les caractéristiques immuables sont calquées sur le calendrier : il comporte 4 « oreilles » correspondant aux 4 saisons, 52 dents qui représentent les 52 semaines et 24 coups de poinçon qui figurent les 24 heures de la journée…

« Je ne suis pas difficile, je me contente du meilleur. »

Fernand Point

Mes cueillettes

Les morilles de printemps

Les morilles sont parmi les rares champignons qui poussent au printemps, et parmi les plus difficiles à trouver. Mais c'est tellement bon que ça vaut la peine de se donner du mal pour les dénicher. On en trouve sous les frênes généralement, en lisière, mais il y en a aussi en montagne, dès la fonte des neiges. Mon grand-père, avec qui j'allais les cueillir, avait coutume de dire qu'elles sortaient « au premier coup de tonnerre ». Le signal, c'est quand les coucous – la primevère aux petites clochettes – commençaient à fleurir. C'était un rituel, une espèce d'obsession d'aller aux morilles, et à l'époque on en rapportait des paniers entiers. Ma grand-mère nous les cuisinait à la crème, avec une persillade, ou pour accompagner un rôti. Cela dit, attention : les morilles sont un poison si on les mange crues. Le mieux est de les faire sécher, ou sinon de les laisser longuement tremper, puis de les cuire lentement, au moins un quart d'heure...

··· LA RECETTE DU CHEF ···

Morilles à la crème

POUR 4 PERSONNES

- 800 g de morilles
- 50 g de beurre
- 1 oignon
- 20 cl de crème fraîche
- Sel, poivre

- Laver soigneusement les morilles pour les débarrasser de la terre et du sable qui se logent dans les cavités.
- Les couper en morceaux.
- Faire fondre le beurre dans une sauteuse. Quand il mousse, ajouter les morilles et les faire revenir 2 minutes sans qu'il se colore.
- Éplucher l'oignon et le hacher finement, puis l'ajouter aux morilles. Saler, poivrer et laisser cuire à feu doux pendant 10 minutes. Toute l'eau doit s'évaporer.
- Ajouter la crème fraîche et remuer 2 minutes.

UNE
anecdote
DE TABLE

Les bouchons lyonnais

Ces restaurants typiques sont les emblèmes de Lyon et de sa cuisine. Sur l'origine du terme « bouchon », deux théories s'affrontent.
Il pourrait venir de l'ancienne habitude de bouchonner —c'est-à-dire de frotter avec de la paille — les chevaux des clients pendant qu'ils étaient attablés. Autre théorie : le terme viendrait de « *bousche* », désignant en vieux français un faisceau de branchages, qui était autrefois l'enseigne des cabarets. Peu importe. Ce qui compte, c'est qu'on y mange bien.

> **« Lyon est une ville arrosée par trois grands fleuves: le Rhône, la Saône et le beaujolais, qui n'est jamais limoneux ni à sec. »**
> Léon Daudet

La contrepèterie
DE LA SEMAINE

Le cuisinier secoue les nouilles.

Avril du 15 au 22

Agenda gourmand

MI-AVRIL : Foire au boudin à Saint-Quentin (Picardie).

Bibliothèque gourmande

Le suicide de Vatel

Le 21 avril 1671, le prince de Condé invite en son château de Chantilly le roi Louis XIV et toute la Cour pour une fête fastueuse de trois jours comprenant trois banquets. François Vatel, en charge des cuisines et de l'approvisionnement, passe, le vendredi 24, commande de poisson à tous les ports de Normandie…

À 4 heures, Vatel va partout, il trouve tout endormi. Il rencontre un petit pourvoyeur qui lui apportait seulement deux charges de marée, il lui demanda: «Est-ce là tout?» Il lui dit: «Oui, monsieur.» Il ne savait pas que Vatel avait envoyé à tous les ports de mer. Il attend quelque temps; les autres pourvoyeurs ne viennent point; sa tête s'échauffait. Il croit qu'il n'y aura plus d'autre marée; il trouve Gourville et lui dit: «Monsieur, je ne survivrai pas à cet affront-ci; j'ai de l'honneur et de la réputation à perdre.» Gourville se moqua de lui. Vatel va à sa chambre, met son épée contre la porte, et se la passa au travers du corps.

Marquise de Sévigné, *Lettre du 26 avril 1671*

Dicton du jour

22 avril: sainte Opportune

Laisse ta voiture au garage: pluie de Sainte-Opportune, pluie de prunes.

> C'est un cuisinier qui a inventé le premier grand plaisir des hommes: la nourriture chaude. C'est sûrement un cuisinier qui a découvert le feu. Avant, il y avait des animaux à deux et à quatre pattes qui mangeaient cru. Après, il y a eu les hommes, qui mangeaient cuit. Même s'ils mangeaient le grand-père...
>
> Alain Chapel

Le Jacoulot de Max von Sydow

J'avais rencontré Max von Sydow en 2012, lors du Festival Lumière à Lyon, et nous avions aussitôt sympathisé. Plus que ça, même : lui, l'acteur suédois du *Septième Sceau* de Bergman ou de *Minority Report* de Spielberg, et moi, l'humoriste français, aurions dû ne rien avoir en commun, et pourtant nous sommes devenus de vrais amis. Max et sa femme s'étaient installés en Provence ; il était naturalisé français depuis le début des années 2000.

Je me souviens de son dernier anniversaire, celui de ses 90 ans. Lui et sa femme étaient venus passer quelques jours à la maison mi-avril et, pour son anniversaire, nous l'avions emmené chez Léon de Lyon. Comme je savais qu'il adorait le Jacoulot, un marc de Bourgogne égrappé, nous lui avions offert cette belle bouteille marquée à son nom. Un délicieux souvenir...

LA RECETTE DE

Georges Blanc

Embrouillade de cuisses de grenouille tout en vert

POUR 4 PERSONNES

La pâte de citron
- 50 g de *panko* (chapelure japonaise)
- 65 g de beurre de Bresse
- Le jus de 1 citron
- Le zeste de 2 citrons
- 1 pincée de massalé pimenté

L'huile de basilic
- 50 g de feuilles de basilic
- 100 g d'huile de pépins de raisin

La mayonnaise au basilic
- 1 cuillère à soupe de moutarde de Dijon
- 1 jaune d'œuf
- 50 cl d'huile au basilic
- 1 trait de vinaigre de Xérès
- Sel, poivre du moulin

Les grenouilles
- 18 grenouilles fraîches découpées et manchonnées
- 500 g de beurre
- Sel, poivre du moulin

La pâte de citron

• Mixer le *panko* au blender, ajouter le beurre en pommade, le jus et le zeste des citrons, assaisonner de massalé pimenté. Étaler la pâte sur 2 mm d'épaisseur entre deux feuilles de papier sulfurisé. Mettre au froid, puis tailler en bandes régulières. Réserver.

L'huile de basilic

• Blanchir 2 à 3 minutes le basilic. Refroidir dans de l'eau glacée. Éponger et réserver.Dans un blender, verser les feuilles de basilic et l'huile de pépins de raisin. Mixer le tout 10 minutes environ afin d'obtenir une huile bien verte. Passer dans une mousseline fine et réserver.

La mayonnaise au basilic

• Préparer la mayonnaise au basilic.

Les grenouilles

• Disposer les jambonnettes de grenouille dans une poêle antiadhésive avec un bon morceau de beurre, assaisonner de sel et de poivre du moulin. Cuire sans coloration, égoutter et réserver.

Dressage

• Disposer la pâte de citron au centre de l'assiette. Aligner délicatement les jambonnettes de grenouilles, verser un trait d'huile de basilic agrémentée de piment d'Espelette. Tremper délicatement les jambonnettes de grenouilles dans la sauce au basilic. Dresser harmonieusement dans l'assiette, décorer de quelques pluches de basilic pourpre.

Agenda gourmand

Fête de l'asperge du Blayais à Étauliers.

Dicton du jour

25 avril: saint Estèphe

Saint Estèphe est de Bordeaux, saint Marc de Bourgogne!

Scène culte

LE GOÛT DE POMME DES *TONTONS FLINGUEURS*

De Georges Lautner (1963), dialogues de Michel Audiard, avec Lino Ventura, Bernard Blier, Francis Blanche, Jean Lefebvre. 29 avril 1963 : tournage de la scène de la cuisine

Raoul Volfoni : Faut r'connaître... c'est du brutal.

Paul Volfoni : Vous avez raison, il est curieux, hein !

M. Fernand : J'ai connu une Polonaise qu'en prenait au p'tit déjeuner. Faut quand même admettre, c'est plutôt une boisson d'homme...

Raoul Volfoni : Tu sais pas ce qu'il me rappelle ? C't'espèce de drôlerie qu'on buvait dans une petite taule de Biên Hòa, pas tellement loin de Saigon. Les volets rouges... Et la taulière, une blonde comac... Comment qu'elle s'appelait, nom de Dieu ?

M. Fernand : Lulu la Nantaise.

Raoul Volfoni : T'as connu ?

Paul Volfoni : J'lui trouve un goût de pomme.

Maître Folace : Y en a.

Bibliothèque gourmande

Les madeleines de Proust

Il y avait déjà bien des années que, de Combray, tout ce qui n'était pas le théâtre et le drame de mon coucher n'existait plus pour moi, quand un jour d'hiver, comme je rentrais à la maison, ma mère, voyant que j'avais froid, me proposa de me faire prendre, contre mon habitude, un peu de thé. Je refusai d'abord et, je ne sais pourquoi, me ravisai. Elle envoya chercher un de ces gâteaux courts et dodus appelés petites madeleines qui semblent avoir été moulés dans la valve rainurée d'une coquille de Saint-Jacques. Et bientôt, machinalement, accablé par la morne journée et la perspective d'un triste lendemain, je portai à mes lèvres une cuillerée du thé où j'avais laissé s'amollir un morceau de madeleine. Mais à l'instant même où la gorgée mêlée de miettes de gâteau toucha mon palais, je tressaillis, attentif à ce qui se passait d'extraordinaire en moi. Un plaisir délicieux m'avait envahi, isolé, sans la notion de sa cause. Il m'avait aussitôt rendu les vicissitudes de la vie indifférentes, ses désastres inoffensifs, sa brièveté illusoire, de la même façon qu'opère l'amour, en me remplissant d'une essence précieuse: ou plutôt cette essence n'était pas en moi, elle était moi. J'avais cessé de me sentir médiocre, contingent, mortel. D'où avait pu me venir cette puissante joie? Je sentais qu'elle était liée au goût du thé et du gâteau, mais qu'elle le dépassait infiniment, ne devait pas être de même nature. D'où venait-elle?
Et tout d'un coup le souvenir m'est apparu. Ce goût, c'était celui du petit morceau de madeleine que le dimanche matin à Combray (parce que ce jour-là je ne sortais pas avant l'heure de la messe) quand j'allais lui dire bonjour à sa chambre, ma tante Léonie m'offrait après l'avoir trempé dans son infusion de thé ou de tilleul.

Marcel Proust, *Du côté de chez Swann* (1913)

“ Je préfère le vin d'ici à l'au-delà. ”

Francis Blanche

UNE
anecdote
DE TABLE

Le maître-coq

Le terme « maître-coq » vient du latin *cocus,* qui ne signifie pas ce que vous croyez, mais simplement « cuisinier ». Son aide se nommait le *culinarius,* de *culina* – « cuisine » –, qui a donné le terme « culinaire ».

> **« Il cst plus facile de jouer au mikado avec des spaghettis crus qu'avec des spaghettis cuits. »**
>
> Philippe Geluck

La contrepèterie
DE LA SEMAINE

Une petite tatin, et je me couche!

AU MENU
DU MOIS DE

Mai

LE CHEF
VOUS PROPOSE

Filets de maquereau à la Brigitte

Enrobé de brioche sauce hollandaise

Gigot en cocotte

Tablée des deux Charles

Poulet Célestine

Mitonné de sarkotelette aux avocats

Noces à la Bérurier

Mai du 1ER au 7

Agenda gourmand

DÉBUT MAI : Festival des produits A
et AOP à Cambremer (Normandie).

6 MAI : Journée mondiale
sans régime.

> « Quand Laurent vient au restaurant: d'abord on dit "Vindieu". Après on boit un coup de rouge et d'autres pour suivre. Et après on cause! »
>
> Guy Savoy

ans mes
ignes de
oulin-à-vent.

LA RECETTE DE

Guy Savoy

Les tomates farcies

Un grand classique des repas de famille, qu'on peut améliorer en remplaçant la farce de chair à saucisse par une préparation plus subtile faite de volaille, de bœuf, de veau et de jambon...

POUR 4 PERSONNES

- 8 grosses tomates
- 2 carottes
- 1 oignon
- Poule bridée de 1 kg environ
- Jarret de veau de 1 kg environ
- 300 g de plat de côtes de bœuf
- Bouquet garni (thym, laurier, persil)
- 1 cuillère à soupe de gros sel
- 200 g de talon de jambon de Paris
- 6 échalotes
- 3 cuillères à soupe d'huile d'olive
- 300 g de champignons de Paris
- 1/2 botte de ciboulette ciselée
- 1/2 botte de persil plat ciselé
- 1/2 cuillère à soupe de romarin haché
- 1/2 cuillère à soupe de fleur de thym frais
- Sel, poivre du moulin

- Peler les carottes et l'oignon, puis les couper en gros morceaux.
- Disposer dans un faitout la poule, le jarret et le plat de côtes. Couvrir d'eau et porter à ébullition.
- Écumer, puis ajouter l'oignon et les carottes, ainsi que le bouquet garni et le gros sel.
- Couvrir et laisser mijoter à feu doux durant 2 h 30 environ, jusqu'à ce que les viandes soient fondantes.
- Pendant la cuisson, tailler le jambon en dés de 5 mm environ.
- Laisser tiédir quelques minutes, puis émietter les viandes et les hacher au couteau. Ajouter le jambon et mélanger, puis réserver au frais.
- Faire revenir les échalotes dans l'huile d'olive, puis laisser cuire à feu doux durant 10 minutes en remuant régulièrement.
- Ajouter les champignons, saler et poivrer, puis laisser cuire encore une dizaine de minutes.
- Incorporer le hachis en mélangeant le tout et laisser cuire à feu doux 10 minutes.
- Préchauffer votre four à 180 °C.
- Laisser tiédir, ajouter les herbes hachées puis, au besoin, du sel et du poivre.
- Couper les tomates aux deux tiers. Conserver le chapeau et évider les bases à la cuillère. Saler et poivrer l'intérieur des tomates.
- Les remplir de la farce et recouvrir du chapeau.
- Disposer les tomates farcies dans un plat allant au four, arroser d'un trait d'huile d'olive et laisser cuire 30 minutes à 180 °C, puis 10 minutes à 200 °C, pour les colorer.

Bibliothèque gourmande

Soûl comme une bourrique!

La lune, en son plein, était si large, si nette, qu'elle éclairait comme un vrai soleil; et Fouan, en entrant dans la cour, remarqua que l'âne, Gédéon, sous le hangar, avait la tête au fond d'un petit baquet. Cela ne l'étonnait point de le trouver libre, car le bougre, plein de malignité, soulevait très bien les loquets avec la bouche; mais, ce baquet l'intriguant, il s'approcha, il reconnut un baquet de la cave, qu'on avait laissé plein de vin de pressoir, pour achever de remplir les tonneaux. Nom de Dieu de Gédéon! Il le vidait!
— Eh! Buteau, arrive!... Il en fait un commerce, ton âne!
Buteau parut sur le seuil de la cuisine.
— Quoi donc?
— Le v'là qu'a tout bu!
Gédéon, au milieu de ces cris, finissait de pomper le liquide avec tranquillité. Peut-être bien qu'il sirotait ainsi depuis un quart d'heure, car le petit baquet contenait aisément une vingtaine de litres. Tout y avait passé, son ventre s'était arrondi comme une outre, à éclater du coup; et, quand il releva enfin la tête, on vit son nez ruisseler de vin, son nez de pochard, où une raie rouge, sous les yeux, indiquait qu'il l'avait enfoncé jusque-là.
— Ah! le jean-foutre! gueula Buteau en accourant. C'est de ses tours! Y a pas de gueux pareil pour les vices!
Lorsqu'on lui reprochait ses vices, Gédéon, d'habitude, avait l'air de s'en ficher, les oreilles élargies et obliques. Cette fois, étourdi, perdant tout respect, il ricana positivement, il dodelina du râble, pour exprimer la jouissance sans remords de sa débauche; et, son maître le bousculant, il trébucha.
Fouan avait dû le caler de l'épaule.
— Mais le sacré cochon est soûl à crever!
— Soûl comme une bourrique, c'est le cas de le dire, fit remarquer Hyacinthe, qui le contemplait d'un œil d'admiration fraternelle. Un baquet d'un coup, quel goulot!

Émile Zola, *La Terre* (1887)

« De péter en pissant ne faites pas mystère,
C'est un ancien usage, aux reins fort salutaire;
Pratiquez-le sans honte, ou bien dans l'intestin,
Reste un gaz malfaisant rapporté au festin. »

Jean de Milan, *Les Aphorismes de Salerne* (XIe siècle)

Mes recettes électorales

Filets de maquereau à la Brigitte

- Choisissez un jeune maquereau tout frais et bien brillant.
- Faites-le mijoter une dizaine d'années en pensant à le chauffer régulièrement.
- Quand il est chaud bouillant, levez vos filets, puis enfournez à la cocotte, avec un poireau et des nouilles.
- En attendant que ce soit prêt, laissez les nouilles cuire.
- Unc fois que le poireau a dégorgé, c'est prêt ! Faites mousser et servez chaud.

La contrepèterie

DE LA SEMAINE

Vous avez déjà goûté une tourte aux cailles?

Mai du 8 au 14

Agenda gourmand

MI-MAI : Fête de la fraise à Beaulieu-sur-Dordogne. Fête des petits pois de Cérons. Journées gourmandes du Grand Morvan à Saulieu.

Dicton du jour

12 mai: les saints de glace
Saints Pancrace, Gervais et Boniface apportent souvent la glace.
Saints Barnabé, André et Désiré amènent le rosé.

Une anecdote de table

Les couteaux du cardinal

Le 13 mai 1610, le cardinal de Richelieu, agacé de voir les nobles de la Cour se curer les dents avec la pointe de leur couteau, promulgua un édit stipulant que, désormais, les couteaux de table auraient un bout rond.

Mes recettes électorales

Enrobé de brioche sauce hollandaise

- Choisissez une brioche bien ronde.
- Laissez tremper dans du gras de frites jusqu'à ce que la brioche ait une consistance de flan.
- Versez dans des moules en forme de poire, bien évasés du bas (attention: il faut que le flan soit bien engoncé dans les moules).
- Pendant ce temps, préparez la sauce hollandaise: œufs, beurre et citron (avec les pépins, inévitables).
- Badigeonnez généreusement la brioche de sauce hollandaise.
- Vous pouvez servir sur une baguette bien cuite, mais attention: il ne faut pas que la brioche cache la baguette.

« Les bons crus font les bonnes cuites. » Pierre Dac

10 MAI

Saint Aurélien
patron des bouchers de Limoges

Saint Aurélien Cota fut évêque de Limoges au IIIe siècle et évangélisa le Limousin. Au Moyen Âge, les reliques de son corps furent installées dans une chapelle édifiée rue Torte (aujourd'hui rue de la Boucherie), où officiaient les bouchers de la ville, qui en firent leur saint patron.
Son corps fut solennellement élevé de terre en 1316 dans l'église Saint-Cessateur de la ville et conservé ensuite par la corporation des bouchers dans la chapelle qui porte son nom.

··· LA RECETTE DU CHEF ···

Le gigot en cocotte

- Faire dix fentes dans le gigot pour y insérer les gousses d'ail coupées en deux.
- Dans une cocotte, faire chanter le beurre, dans lequel on fera dorer le gigot sur toutes ses faces.
- Retirer le gigot, mettre les couennes à dorer dans la cocotte. Remettre le gigot. Ajouter les carottes et l'oignon haché, arroser avec le vin blanc, saler et poivrer. Laisser cuire à feu doux pendant 2 h 30.
- À la fin de la cuisson, verser lentement le jus dans un bol contenant la Maïzena délayée avec un peu d'eau, puis remettre quelques instants sur le feu en tournant avec une cuillère en bois.

POUR 6 PERSONNES

- **1 gigot de 2 kg**
- **5 gousses d'ail**
- **100 g de beurre**
- **100 g de couenne**
- **3 carottes**
- **1 oignon**
- **2 verres de vin blanc sec**
- **1 cuillère à soupe de Maïzena**
- **Sel, poivre**

Bibliothèque gourmande

Le gigot

Quand le gigot apparaît au milieu de la table,
Fleurant l'ail, et couché sur un lit respectable
De joyeux haricots,
L'on se sent beaucoup mieux, un charme vous pénètre,
Tout un chacun voyant son appétit renaître,
Aiguise ses chicots.

Raoul Ponchon, *La Muse au cabaret* (1920)

La contrepèterie

DE LA SEMAINE

Il faut faire attention quand on a un canard sur le feu.

LES PRINCES DE LA CUITE

Scène culte

Un singe en hiver d'Henri Verneuil, dialogues de Michel Audiard, avec Jean Gabin, Jean-Paul Belmondo... Sortie en salle le 11 mai 1962.

Albert : Oui, monsieur ! Les princes de la cuite, les seigneurs ! Ceux avec qui tu buvais le coup dans le temps et qui ont toujours fait verre à part ! Dis-toi bien que tes clients et toi, ils vous laissent à vos putasseries, les seigneurs : ils sont à cent mille verres de vous ! Eux, ils tutoient les anges !

Esnault : Excuse-moi, mais nous autres, on est encore capables de tenir le litre sans se prendre pour Dieu le Père !

Albert : Mais c'est bien ce que je vous reproche ! Vous avez le vin petit et la cuite mesquine. Dans le fond, vous ne méritez pas de boire ! Tu te demandes pourquoi il picole, l'Espagnol ? C'est pour essayer d'oublier les pignoufs comme vous !

> « Vaut mieux prendre chaud en mangeant que froid en travaillant. »
>
> Justin Godart, *La Plaisante Sagesse lyonnaise*

UNE **anecdote** DE TABLE

L'oubli de M. Pineau

En 1589, selon la légende, M. Pineau, un viticulteur charentais de Burie (entre Saintes et Cognac), utilisa par mégarde pour stocker son moût de raisin un tonneau contenant un fond d'eau-de-vie de cognac. Quelques années plus tard, il ouvrit le fût et eut la surprise de découvrir ce qu'on appelle une « mistelle », un vin muté mélangé à de l'alcool. Le pineau des Charentes était né.

Mai du 15 au 22

Agenda gourmand

MI-MAI : Festival BAL (Bière à Lille). Fête de la cerise à Céret. Fête du pain partout en France.

Scène culte

LA GRANDE BOUFFE

De Marco Ferreri (1973), dialogues de Francis Blanche, avec Philippe Noiret, Ugo Tognazzi, Marcello Mastroianni, Michel Piccoli. 17 mai 1973 : Présentation du film au Festival de Cannes

Philippe : Pourquoi il n'y a pas de farce, dans la dinde ? Ugo, pourquoi t'y a pas mis de farce ? C'est bête, c'est triste !

Ugo : La vie, c'est une farce.

Le jeu des fruits, des légumes et des baies

1 Tomate
2 Pastèque
3 Aubergine
4 Raisin
5 Mûre
6 Banane
7 Rhubarbe
8 Haricot vert
9 Kiwi
10 Concombre

Les aliments listés sont-ils des légumes, des fruits ou des baies ? À vous de choisir...

Solution : 1 fruit | 2 baie | 3 baie | 4 baie | 5 fruit
6 baie | 7 légume | 8 fruit | 9 baie | 10 fruit

16 MAI

Saint Honoré

patron des boulangers

Honoré, évêque d'Amiens, vécut au IVe siècle. Selon la légende, il annonça à sa nourrice qu'il voulait devenir prêtre alors qu'elle était en train de faire cuire son pain. « Et quand ma pelle aura des feuilles, tu seras évêque ! » répondit-elle. Aussitôt la pelle de bois se mit à reverdir, ce qui n'est pas banal et fit de lui le patron des boulangers.

En 1202, un boulanger picard fit don à l'Église d'un terrain à Paris où fut construite une chapelle dédiée à saint Honoré. Cette chapelle donna plus tard son nom à la rue et au faubourg du 8e arrondissement de Paris, et c'est dans cette rue qu'en 1847 un jeune pâtissier de la maison Chiboust, Auguste Julien, créa une pâtisserie de pâte feuilletée agrémentée de crème pâtissière et de chantilly : le saint-honoré.

Ce jour du 16 mai fut en outre choisi par Jean-Pierre Raffarin et la Confédération nationale de la boulangerie-pâtisserie pour organiser en 1996 la première Fête du pain.

Le déjeuner des deux Charles

Charles Trenet était né un 18 mai et Charles Aznavour un 22. Chaque année, ils essayaient de se retrouver pour célébrer leurs anniversaires, autour du 20 mai. Mais ils se retrouvaient aussi régulièrement pour ce que j'appelais les «déjeuners des deux Charles», auxquels j'ai eu quelquefois la chance de participer. Ils m'aimaient bien parce que je plaisantais et que je les amusais, et moi j'étais fasciné. Je ne faisais guère attention à mon assiette, j'écoutais, je regardais, je vivais le moment, ravi d'être là, à la table de deux légendes de la chanson française, fasciné par leur culture et leur esprit.

Cela dit, avec Trenet, il fallait avoir de l'appétit et de l'endurance. On se retrouvait généralement au Fouquet's vers 12 h 30, et à 19 heures on était encore à table...

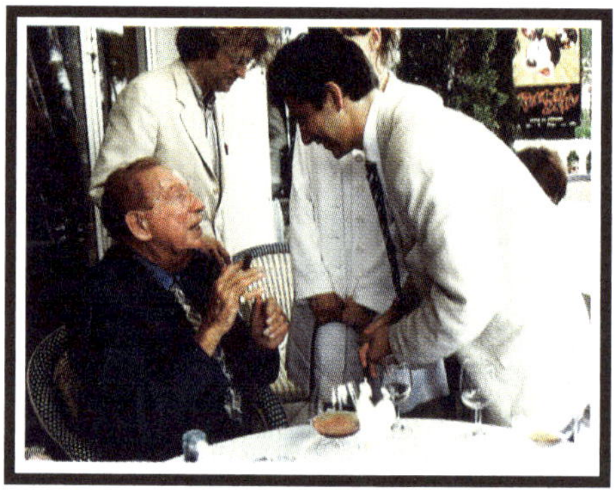

En 1996, avec le grand Charles.

> « On ne peut pas faire de cuisine si on n'aime pas les gens. »
>
> **Joël Robuchon**

La contrepèterie DE LA SEMAINE

De belles frites

19 MAI

Sainte Célestine

Cela se passait au début du siècle dernier, à Lyon, dans un restaurant appelé Le Cercle. Le chef saucier, Jérôme Rousselot, était amoureux de la patronne, Célestine Blanchard. Pour se déclarer, il décide de créer une recette qui lui serait dédiée, à base de poulet cuisiné avec des tomates, des champignons, du cognac et du vin blanc. Il lui fait goûter son plat, elle en reprend deux fois et lui demande comment s'appelle sa recette.
« Le poulet Célestine. »
Elle lui est tombée dans les bras, ils se sont mariés, ont vécu heureux et eurent beaucoup de belles recettes. Célestine Blanchard est devenue l'une des célèbres « mères lyonnaises ». Et là où l'histoire est encore plus belle, c'est que Jérôme et Célestine étaient les arrière-grands-parents… de Paul Bocuse !

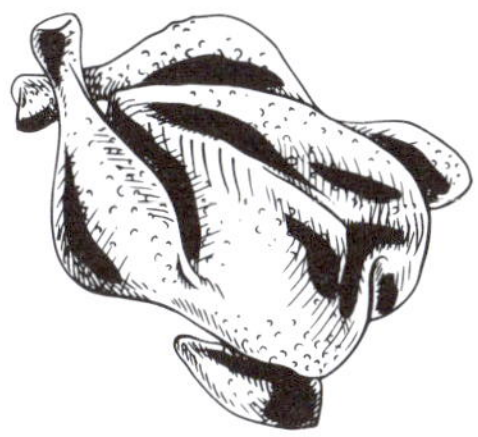

··· LA RECETTE DU CHEF ···

Le poulet Célestine

POUR 4 PERSONNES

- 1 poulet
- Moutarde
- 100 g de beurre
- 1 cuillère de cognac
- 150 g de champignons de Paris
- 4 tomates
- 300 ml de vin blanc sec
- 200 ml de bouillon de volaille
- 2 gousses ail
- Persil
- Sel, poivre

- Découper le poulet en morceaux, puis badigeonner légèrement chaque morceau avec de la moutarde.
- Faire revenir les morceaux de poulet dans le beurre, à la poêle. Retourner régulièrement.
- Une fois les morceaux bien dorés, les flamber au cognac, puis ajouter les champignons émincés et les tomates coupées en gros dés. Dès que ça rissole, mouiller au vin blanc.
- Ajouter le bouillon de volaille. Saler et poivrer. Couvrir et laisser cuire pendant 30 minutes.
- Hacher finement l'ail et le persil.
- Arroser de sauce et parsemer de persillade.

Mai du 23 au 31

Agenda gourmand

FIN MAI : Fête des fromages fermiers à Rocamadour.

Dicton du jour

29 mai: sainte Ursule

Pas de crème acidulée à la Sainte-Ursule.
Comment veux-tu, comment veux-tu que j'acidule?

Mes recettes électorales

Mitonné de sarkotelette aux avocats

- Sélectionnez un grand nombre de casseroles. Laissez-en plusieurs dans les placards, au cas où.
- Dans la plus grande d'entre elles, faites mijoter la sarkotelette sur un lit d'avocats.
- Faites revenir à l'étouffée autant de fois qu'il le faudra, jusqu'à ce que la sarkotelette soit cuite à point. Vous pouvez y aller, c'est du dur à cuire.
- Si la casserole commence à être usée, sortez-en une autre, vous avez l'embarras du choix.
- Maintenez au chaud, jusqu'après les élections.

Bibliothèque gourmande

Le repas de noces de Bérurier

– Voilà le menu de ma noce à moi, les gars. C'est le même que çui qu'a offert à l'ambassade d'Angleterre Sa Majesté Édouard VII lors de son voyage à Paname en 1903.
Il déclame, du ton que prennent les huissiers pour annoncer les invités d'une grande réception:

Potage de tortue clair
Crème d'orge à la Dhuran
Zéphyrs à la Romaine
Darne de truite saumonée à la moderne
Selles de mouton à l'anglaise
Côtelettes de pintades à la George IV
Timbale de volaille à la Rossini
Mignardises de foies gras à l'Infante
Sorbets à la Pompadour
Poulardes de Bresse rôties
Salade Gugliemi
Homards à la parisienne
Asperges d'Argenteuil sauce Riche
Pudding à la Windsor
Biscuit glacé à la Monselet
Diablotins et Chester-Cakes
[...]

Tout en dégustant, je louchais sur ma Berthe et je me sentais fier d'elle de lui voir un si bel appétit. À table, Berthy c'est une scientifique. Elle sait respirer en mangeant pour ne pas avaler l'air en même temps que sa béarnaise. Même à l'époque, avant qu'elle acquérisse la grande forme, elle se débrouillait comme une poupée! Le coup du gosier, c'était inné chez elle. Au homard à la parisienne, pourtant, j'ai redouté qu'elle craquasse. Elle est devenue écarlate, concurrençant dangereusement le homard. Elle clapait à vide. Je lui ai rectifié le tir en lui tendant opportunément son godet de muscadet. Il était bien frappé. Ce coup de fraîcheur, ça lui a assagi les muqueuses et elle a retrouvé tout son beau brio, Berthe.

San-Antonio, *Le Standinge selon Bérurier* (1966)

Mes cueillettes

Le bon-Henri

Au printemps, c'est la saison du chénopode bon-Henri. C'est un épinard sauvage qui pousse sur les terres azotées, là où il y a eu des vaches. Son nom vient du roi Henri IV, qui fut un grand promoteur des jardins et qui aurait découvert les qualités gustatives de cette plante. Au détour d'une balade, j'en ai rapporté un sac entier, mais nous ne savions pas trop comment la cuisiner.

Dans ces cas-là, j'appelle mon ami le cuisinier Marc Veyrat. Personne ne connaît mieux les plantes. Son astuce est de faire blanchir les feuilles à l'eau bouillante, puis de les faire revenir à la poêle avec un peu de sucre. Le haut de la fleur, les graines roses, ressemble à du quinoa.

▼ Un bon moment avec Marc Veyrat dans la Maison des bois, au col de la Croix-Fry.

UNE **anecdote** DE TABLE

Le traité des confitures de Nostradamus

On connaît Michel de Nostre-Dame, dit Nostradamus (1503-1566), pour ses prédictions. Mais il était d'abord et avant tout médecin, et c'est à ce titre qu'il publie en 1555 l'*Excellent moult utile opuscule à touts necessaire […] qui nous monstre la façon et manière de faire confitures de plusieurs sortes, tant en miel, que succre, et vin cuict*. Les confitures et bonbons dont il donne les recettes ont des vertus médicinales, comme sa confiture de gourdes : « Confire la chaire de gourdes que l'on nomme cougourde ou carabasse qui est une confiture réfrigérante qui rafraichit et est de bon goût. Cette confiture est bonne pour manger, en fait que concerne médecine réfrigérante et par la facilité d'elle en manger pour mitiger la chaleur exubérante du cœur et du foie. »

> « Si je ne bois pas, je suis à sec. »
> Rabelais

La contrepèterie DE LA SEMAINE

Une gamelle de morilles

AU MENU
DU MOIS DE

Juin

LE CHEF
VOUS PROPOSE

Toast des Costes du Rhône

Radis façon Grand Restaurant

Grande asperge à la Édouard

Huîtres au foie gras façon Jacques Martin

Marinade d'Hénin-Beaumont

Reine-des-prés en cueillette

Merluchon frit en colère

Burger aveyronnais façon José Bové

Salade verte bio

Rosé de Carcès

Juin du 1ER au 7

Agenda gourmand

PREMIER WEEK-END DE JUIN :
Fête de la pogne et de la raviole à Romans.

Bibliothèque gourmande

L'ode au melon

Ni le cher abricot que j'aime
Ni la fraise avec que la crème
Ni la manne qui vient du ciel
Ni le pur aliment du miel
Ni la poire de Tours sacrée
Ni la verte figue sucrée
Ni la prune au jus délicat
Ni même le raisin muscat
Parole pour moi bien étrange
Ne sont qu'amertume et que fange
Au prix de ce melon divin
Honneur du climat angevin!

Marc-Antoine Girard de Saint-Amant
(de l'Académie française, 1634)

MAQUEREAU AU VIN BLANC

La contrepèterie DE LA SEMAINE

Les soupers russes manquent de pain.

Le quiz de l'amateur de bordeaux

Vous vous y connaissez en bordeaux ? **Rendez à chacun de ces grands crus son appellation d'origine.**

Château-pétrus	1	A	Graves
Château-cheval-blanc	2	B	Pomerol
Château-haut-brion	3	C	Sauternes
Château-lafite	4	D	Saint-émilion
Château-yquem	5	E	Médoc

Solution : 1/B, 2/D, 3/A, 4/E, 5/C

Scène culte

LE RADIS DU *GRAND RESTAURANT*

De Jacques Besnard (1966), dialogues de Jean Halain, avec Louis de Funès, Bernard Blier, Paul Préboist

Septime : Dites-moi, avec un radis, qu'est-ce que vous me conseillez ?
Le sommelier : Ah, monsieur pourrait prendre un petit muscadet.
Septime : C'est sec ou c'est doux ?
Le sommelier : Plutôt sec.
Septime : Je préférerais plutôt doux.
Le sommelier : Alors un sauternes ?
[...]
Septime : C'est pas trop doux ?
Le sommelier : Ah, si, c'est doux... Voulez-vous un demi-sec ?
Septime : Non, je préférerais un demi-doux...

Chevalier de la Commanderie des Costes du Rhône

Le 3 juin 2016, les vignerons de Vinsobres fêtent les dix ans du cru en m'intronisant dans la confrérie de la Commanderie des Costes du Rhône, autour de quelques verres et d'un beau discours :

« En vrai Lyonnais, Laurent rêvait de devenir vigneron. Sa vocation, il l'avait assouvie avec quelques vignes à Romanèche-Thorins, la plus bourguignonne des AOC du Beaujolais, là où le gamay s'apprête à "pinoter". Mais il fallait à notre esthète venir se confronter à la complexité des assemblages de grenache et syrah pour cela. Il a choisi le premier cru des côtes-du-rhône en Drôme provençale !

Tout ce qui se produit ici le passionne : de la lavande à la tanche, du raisin à la truffe. Vous deviendrez un pur "rabassaïre" : celui qui cherche toute sa vie et qui trouve quelquefois...

Ce perfectionniste a aussi choisi une commune qui ne manque pas d'humour, vin et sobre, voilà ce cocasse oxymore pour un vin qu'un Dieu facétieux voulait décidément souriant. Des blagues à son propos, on en fait depuis des siècles. Tenez, l'archevêque de Vaison, Jean-Marie Suares, en 1633, avait déjà bien rigolé en sortant son : "Vinsobres ou sobre vin, prenez-le sobrement", une phrase devenue depuis notre devise.

La Commanderie des Costes du Rhône, un soir de printemps, est fière de vous accueillir autour d'un vinsobres. C'est ce vin que vous aimez qui, sans doute, vous donne le sens de la repartie, de l'humour et le sourire que vous arborez le plus souvent, et ce malgré les vicissitudes de la vie. Car vous avez compris mieux que quiconque et vous avez mis en pratique toute votre vie la fameuse devise de notre maître à tous, François Rabelais, qui disait : " Rien n'est sérieux parce que tout est éphémère. " Verre en main, nous vous souhaitons, messire, la plus cordiale bienvenue.

Bienvenue dans notre grande famille, messire Gerra ! »

Mes recettes électorales

Grande asperge à la Édouard

- Sélectionnez une botte d'asperges du Havre.
- Choisissez la plus grande, à la tête bien enflée (les meilleures sont bicolores).
- Faites mariner à l'ombre durant quelques mois, puis utilisez à toutes les sauces.
- S'il en reste, gardez au réfrigérateur, ça peut toujours servir.

Attention: c'est un plat qui ne plaît pas à tout le monde. Certains convives subissent une aversion de l'asperge.

> **« La cuisine est le plus ancien des arts parce que Adam naquit à jeun. »**
> Brillat-Savarin

Juin du 8 au 14

Agenda gourmand

DEUXIÈME DIMANCHE DE JUIN :
Fête des fraises à Plougastel.
Salon VitiLoire à Tours.

Dicton du jour

8 juin : saint Médard

*S'il pleut pour la Saint-Médard,
reste chez toi devant une omelette au lard.*

Saint Médard est le patron des agriculteurs. Selon une légende du Moyen Âge, Médard rencontra, lorsqu'il était enfant, un homme qui avait perdu son cheval. Aussitôt, il courut dans les écuries de son père pour aller lui en chercher un. Alors qu'il était reparti pour offrir le cheval à l'homme, son père s'aperçut de la disparition. Furieux, ce dernier se lança à la poursuite de son fils, mais une pluie terrible l'obligea à faire demi-tour. Plus tard, le petit Médard revint au logis, intégralement sec, alors qu'il n'avait eu aucun endroit pour s'abriter. C'est ainsi que saint Médard, au paradis, est chargé de la pluie.

La contrepèterie DE LA SEMAINE

Goûtez-moi cette farce !

Carcès, le rosé de l'été

En 1992, alors que je débutais dans le métier, j'ai participé à la tournée des Estivales de *Var-Matin*. Un soir, après avoir joué à Carcès, un beau village médiéval varois, près de Brignoles, je n'avais pas d'endroit où dormir. En descendant du car-podium, je vois un monsieur en short en train de disposer les chaises pour le spectacle, et je lui demande s'il peut me recommander un hôtel. Des hôtels, il n'y en avait pas, mais le monsieur en question était Jean-Louis Aléna, le maire de Carcès, qui m'offrit l'hospitalité pour la nuit dans le grenier de la mairie, puis celle de sa table, autour d'une anchoïade et d'une daube provençale mémorables. Le lendemain, il me fit découvrir son village, le château, les vignes... Je suis tombé amoureux de l'endroit, j'ai adoré le rosé local, et Jean-Louis Aléna est devenu un ami.

En 2011, j'ai acheté environ cinq hectares de vignes du château Sainte-Croix, pour produire avec la famille Pélépol un rosé assemblé à 90 % de grenache et 10 % de syrah. Comme je fais tout avec passion, je voulais que mon nom soit associé à un vin de qualité. J'ai suivi de très près les débuts de notre rosé, qui a plutôt bien évolué. Nous avons obtenu une médaille d'argent au Mondial du rosé 2015, puis deux médailles d'or, au Concours Gilbert & Gaillard 2016 puis au Concours de Paris 2017. Puis de nouveau deux médailles d'or en 2019. C'est pas mal !

> « La cuisine du Périgord est sans beurre et sans reproche. »
>
> Curnonsky

Bibliothèque gourmande

Le vin de Colette

J'ai été très bien élevée. Pour preuve première d'une affirmation aussi catégorique, je dirai que je n'avais pas plus de trois ans lorsque mon père me donna à boire un plein verre à liqueur d'un vin mordoré, envoyé de son Midi natal: le muscat de Frontignan.

Coup de soleil, choc voluptueux, illumination des papilles neuves! Ce sacre me rendit à jamais digne de ce vin.

Colette, *Prisons et paradis* (1935)

Les huîtres au foie gras de Jacques Martin

À l'époque d'« Ainsi font, font, font », au début des années 1990, Jacques Martin invite toute l'équipe chez lui, en juin, pour un repas de fin de saison. Il adorait les belons, et il nous avait préparé un grand plateau d'huîtres. Je lui demande : « Jacques, est-ce que je peux vous demander du beurre avec les huîtres ?

– Pourquoi tu ne mets pas du foie gras ? »

Lui, ce qu'il aimait, c'est manger les huîtres sur des tartines de foie gras, à la place du beurre. Ça peut paraître curieux, mais après tout, en Charente, ils mangent des huîtres avec du pâté, alors... Mais enfin, il faut reconnaître que ça tient bien au corps.

Mes recettes électorales

Marinade d'Hénin-Beaumont

- Pour cette variante nordiste de la bouillabaisse, ramassez tout ce que vous trouvez: du menu fretin, des morues, de la raie, du thon blanc, des barbues, de petits poissons et de vieux crabes.
- Ajoutez quelques bécasses, du faisan et des pigeons, ça ne fera pas de mal.
- Faites mariner le tout dans un bouillon de blanc sec, en garnissant généreusement de salade.
- Portez à ébullition.
- Servez avec une grosse frite dans un bock.

Juin du 15 au 22

Agenda gourmand

Biennale Bordeaux fête le vin.

Bibliothèque gourmande

L'accord du vin et des saucisses

Huchon allait quérir les saucisses.
Elles se présentèrent attachées par couples, comme les gens d'une noce.
On leur fit bien voir que ce n'était pas le moment de plaisanter.
Mais il s'éleva une discussion assez vive. Huchon soutenait qu'avec les saucisses le saint-émilion s'accorderait mieux que le barsac.
— À vrai dire, nous aurons toujours dissonance. Je ne sais que certains bourgognes, ou encore une bonne bière de Munich, qui puissent exactement convenir ici. Le saint-émilion n'est qu'un pis-aller. Mais le barsac serait une erreur. La saucisse, ne nous le dissimulons pas, développe une saveur à la fois naïve et pesante. Je vous ferais injure en vous montrant qu'elle exige du vin rouge. Et puis, j'ai absolument besoin du barsac pour escorter mon veau Vercingétorix.
— Ça, c'est une autre question. Mais en ce qui concerne la saucisse, tu te mets le doigt dans l'œil. Le goût de la saucisse doit être fouetté, je dirais même mordu, sans quoi il s'affale, il se vautre. Je le compare à une vache. Le saint-émilion achèvera de l'abrutir.
On trancha la difficulté en buvant une bouteille de l'un et de l'autre.

Jules Romains, *Les Copains* (1922)

La reine-des-prés

En juin, on trouve la reine-des-prés, appelée également « spirée », qui pousse dans les lieux humides. Elle contient de l'acide salicylique, qu'on peut sentir en l'écrasant dans la main, et qui est à l'origine de l'aspirine. L'odeur de la plante vous rappellera les années de classe de votre enfance : la colle Cléopâtre ! La colle en pot qu'on utilisait avec un petit bâtonnet et qui avait un goût d'amande. On peut utiliser la reine-des-prés pour des tisanes médicinales ou pour parfumer le vin, en macération.

> « Si vous n'êtes pas capable d'un peu de sorcellerie, ce n'est pas la peine de vous mêler de cuisine. »
>
> Colette

La contrepèterie
DE LA SEMAINE

J'aime beaucoup le jus de canne.

La recette du burger aveyronnais

Selon José Bové

Ben déjà tu achètes un steak haché de bœuf de l'Aubrac chez le boucher, et tu le fais revenir sur le moteur encore chaud du tracteur. Sel, poivre, au pire si t'as pas de sel tu peux le saupoudrer avec des croûtes de pied ça donne un petit goût de parmesan pas dégueulasse.
Ensuite tu fais griller deux tranches de pain complet bio, tu ajoutes une belle tranche de cantal, mais du vieux, hein, avec des petits vers qui grouillent dans la croûte, sinon ça a pas de goût...
Tu ajoutes une feuille de salade du jardin, mais attention, pas lavée, la salade, comme ça tu peux récupérer les limaces, ça remplace les cornichons.
C'est justement un cuisinier aveyronnais qui m'a donné la recette, un petit gars né à Rodez : Cyril Lignac, qu'il s'appelle !

UNE **anecdote** DE TABLE

Les épinards de Popeye

Qu'est-ce qui donne sa force à Popeye le marin, le super-héros aux avant-bras gonflés comme des ballons de rugby ? En tout cas pas les épinards, puisque la réputation d'une grande quantité de fer contenue dans ce légume – en principe 27 mg pour 100 g d'épinards – vient d'une erreur de virgule.
En réalité, 100 g d'épinards ne contiennent que 2,7 mg de fer, moins que les lentilles (3,3 mg) et beaucoup moins que le soja (15,7 mg), le chocolat (10,7 mg) ou les pignons de pin (5,5 mg)…

Mes recettes électorales

Merluchon frit en colère

- Choisissez un merluchon (petit merlu à la bouche pleine de dents) bien coriace.
- Faites cuire à l'unilatérale en badigeonnant de moutarde extra-forte.
- Veillez à ce que la moutarde lui monte au nez. Attention, ça va vite.
- Présentez la gueule ouverte, le corps replié pour qu'il se morde la queue (c'est ce qu'on appelle « en colère »).

Juin du 23 au 30

Agenda gourmand

FIN MAI OU JUIN :
Fête de la morue à Bègles.

La contrepèterie
DE LA SEMAINE

Il ne faut pas couper les nouilles au sécateur.

> Heureux qui, loin des tourments de la terre,
> Baise des petits culs et boit dans un grand verre
> Emplit l'un, vide l'autre et passe avec gaieté,
> Du cul de la bouteille au cul de la beauté.

Attribué à Ronsard

À TABLE AVEC

Chicandier

J'adore Jason Chicandier, humoriste et acteur – il va jouer Ordralphabétix dans le prochain Astérix et il fait le barman dans le spectacle en streaming que j'ai monté avec Eddy Mitchell –, et encore plus son côté bon vivant gouailleur, dont le mot d'ordre est de «se mettre bleu métal», c'est-à-dire de passer la soirée et plus à boire des coups jusqu'à plus soif. Je l'ai retrouvé à Lyon pour son émission «L'addiction, s'il vous plaît», en juin 2020, l'occasion de lui faire découvrir quelques bonnes adresses. Notamment Chez Mama, du chef Hugo Épailly. Autour d'une pizza à la truffe, le barman maestro Julian a créé pour lui le cocktail Bleu métal, à base de gin à la fleur de camomille, de citron vert et de curaçao, pour la couleur. Et puis on est allés dîner, avant de visiter la cave… Bleu métal, quoi.

▼ Le cocktail « Bleu métal », avec Jason Chicandier chez Mama.

Bibliothèque gourmande

La dive bouteille

Ô Bouteille,
Pleine toute
De mystères,
D'une oreille
Je t'écoute:
Ne diffère,
Et le mot profère
Auquel pend mon cœur
En la tant divine liqueur,
Qui est dedans tes flancs reclose,
Bacchus, qui fut d'Inde vainqueur,
Tient toute vérité enclose.
Vin tant divin, loin de toi est forclose
Toute mensonge et toute tromperie.
En joie soit l'aire de Noach close,
Lequel de toi nous fit la tempérie.
Sonne le beau mot, je t'en prie,
Qui me doit ôter de misère.
Ainsi ne se perde une goutte
De toi, soit blanche ou soit vermeille.

François Rabelais, *Cinquième livre* (1564)

Les blagues de Bocuse

Non seulement Paul Bocuse était l'un des plus grands cuisiniers au monde, mais il était également un bon vivant qui aimait faire des farces, souvent aux dépens de ses collègues chefs. Alors qu'il avait emmené une bande de copains pour un pique-nique en forêt, Bocuse déballe de son panier un pâté en croûte, un jambon à l'os, une terrine de canard, du beaujolais... et une boîte de Canigou, la pâtée pour chiens, dont il se fait une bonne tartine. Les autres s'étonnent, mais le cuisinier les rassure : « C'est une fabrication particulière, préparée spécialement pour moi. Vous voulez goûter ? » Et il sort de son panier d'autres boîtes, pour les copains, alors que lui était en train de déguster une boîte de mousse de bécasse sur laquelle il avait collé l'étiquette de la pâtée pour chiens.

Une autre fois, Bocuse et ses amis avaient vissé nuitamment une plaque « rue Paul-Lacombe – Inventeur de la cervelle de canut » à la place de celle de la rue Pleney, et ils étaient venus l'inaugurer en fanfare le lendemain midi, à la stupeur de Paul Lacombe, le propriétaire du restaurant. Pour se venger de cette plaisanterie, Paul Lacombe fit passer une annonce dans *Le Progrès* : « À vendre perroquet sachant très bien parler », en donnant le numéro de Bocuse à Collonges. Quelques centaines de coups de fil plus tard, Bocuse répliqua : il appela tous les charbonniers de Lyon en se faisant passer pour Lacombe et demanda une livraison de charbon dans l'étroite rue Pleney, le même jour à la même heure...

Mes recettes électorales

Salade verte bio

- Rassemblez dans un bol de la laitue bio, de la mâche écoresponsable, de la scarole citoyenne, du mesclun du développement durable, des pousses d'épinards à circuit court et pourquoi pas du pissenlit par la racine.
- Ajoutez du quinoa, du boulgour et des graines de chia (c'est ce qu'on appelle la cuisine chiatique).
- Mélangez vigoureusement, avec beaucoup d'huile pour faire passer.
- C'est pas bon, mais c'est bio.

AU MENU
DU MOIS DE

Juillet

LE CHEF
VOUS PROPOSE

Lapin à la crème façon grand-mère

Cake aux oreilles de cochon de Jean-Paul Lacombe

Chateaubriand façon Chateaubriand

Soupe aux choux à la de Funès

Tournées gourmandes

Friture de goujons façon Jean-Christian Gerra

Seyssel à la Marc Veyrat

Juillet du 1ER au 7

Agenda gourmand

DÉBUT JUILLET : Les Européennes du goût à Aurillac, festival gastronomique et culturel.

La contrepèterie

DE LA SEMAINE

Les plus grands vins ont un parfum de mystère.

....

Le seyssel de Marc Veyrat

On parle souvent de l'accord des vins et des plats, mais j'ignorais le degré de perfection auquel on pouvait arriver dans ce domaine, jusqu'au jour où je suis allé pour la première fois déjeuner chez Marc Veyrat, dans son auberge de l'Eridan. Pour accompagner notre menu, il nous avait conseillé un seyssel. C'est un vin blanc de l'Ain et de la Savoie, une roussette un peu plus subtile. Le nom me parlait, j'avais passé mon enfance à Seyssel, une petite commune au bord du Rhône. Ce n'est pas à proprement parler un grand vin, mais ce jour-là j'ai vécu pour la première fois de ma vie une expérience : après avoir bu une seule gorgée, c'était un feu d'artifice. Toutes les saveurs du repas revenaient en bouche, c'était incroyable.

J'ai revu Marc Veyrat quelque temps plus tard, à l'époque où je suivais le Tour de France pour la radio. Nous nous croisons sur l'autoroute, au péage, et je lui reparle de ce déjeuner, du seyssel et aussi de la gnole de gentiane hallucinante qu'il nous avait fait goûter. Il me dit : « Bouge pas, j'en ai dans le coffre », et il m'en a donné une bouteille. Depuis, on est copains.

LES RECETTES DE

ma grand-mère

Le lapin à la crème

POUR 4 PERSONNES

- 1 lapin
- Moutarde
- 200 g de lardons
- 300 g de champignons
- Persillade (ail, persil, huile d'olive)
- 3/4 l de crème fraîche
- Sel, poivre

- Saler et poivrer le lapin entier ou coupé en deux.
- Badigeonner de moutarde.
- Faire cuire au four environ une heure.
- Ajouter les lardons et les champignons.
- Couvrir lorsque le lapin est roussi.
- Découper et garder au chaud.
- Préparer une persillade blonde, puis ajouter la crème fraîche.
- Laisser chauffer, puis verser sur le lapin.
- Laisser mijoter une dizaine de minutes.

En Bresse, on met toujours beaucoup de crème sur à peu près tout: les chanterelles, les morilles, le poulet, le lapin... Pire que des Normands!

> « En voyage, je regarde la carte des vins pour éviter les bouchons. »
>
> Raymond Devos

Bibliothèque gourmande

Le verre et la bouteille

Nous ne pouvons rien trouver sur la terre
Qui soit si bon ni si beau que le verre.
Du tendre amour berceau charmant,
C'est toi qui sers à faire
L'heureux instrument
Où souvent pétille
Mousse et brille
Le jus qui rend
Gai, riant,
Content.
Quelle douceur
Il porte au cœur!
Tôt,
Tôt,
Tôt,
Qu'on m'en donne
Qu'on l'entonne!
Tôt,
Tôt,
Tôt,
Qu'on m'en donne
Vite et comme il faut!
L'on y voit sur ses flots chéris
Nager l'allégresse et je ris!

Que mon
Flacon
Me semble bon
Sans lui
L'ennui
Me nuit,
Me suit,
Je sens
Mes sens
Mourants
Pesants
Quand je le tiens,
Dieu, que je suis bien!
Que son aspect est agréable!
Que je fais cas de ces divins présents!
C'est de son sein fécond et de ses heureux flancs
Que coule ce nectar si doux, si délectable,
Qui rend dans les esprits tous les cœurs satisfaits.
Cher objet de mes vœux, tu fais toute ma gloire,
Tant que mon cœur vivra, de tes charmants bienfaits
Il saura conserver la fidèle mémoire.
Ma muse à te louer se consacre à jamais,
Tantôt dans un caveau, et tantôt sous ma treille.
Ma lyre, de ma voix accompagnant le son,
Répétera cent fois cette aimable chanson:
Règne sans fin, ma charmante bouteille,
Règne sans fin, mon cher flacon.

Panard (1674-1765)

« Tout homme qui aime le poisson a l'esprit délicat. »

Edmond de Goncourt

du 8 au 14 **Juillet**

Agenda gourmand

13 JUILLET :
Fête du chipiron à Hendaye.

14 JUILLET :
Fête de la frite à Sulignat (Ain).

Dicton du jour

14 juillet: saint Camille
Myrtilles à la Saint-Camille,
moquette à Saint-Maclou!

Bibliothèque gourmande

Le Chateaubriand de Chateaubriand

Voici comment le cuisinier de Chateaubriand, M. Montmireil, préparait le filet auquel il a donné le nom de son maître.
Couper un morceau de l'épaisseur de deux forts, au milieu d'un beau filet de bœuf.
À l'aide d'un petit couteau, pratiquer une ouverture horizontale au centre du chateaubriand, en le détachant de l'intérieur sans en couper les bords, de manière à en former une poche dont l'ouverture d'entrée sera aussi petite que possible.
Hacher les échalotes, les passer à la poêle, les mélanger avec de la moelle, de la glace de viande, des ciboules hachées et condimenter de poivre de Cayenne et de sel fin, en farcir le chateaubriand, fermer l'ouverture avec une aiguillette de bois ou de métal et le faire griller.
Préparer une bonne maître d'hôtel et de la glace de viande fondue avec lesquelles on arrosera le chateaubriand en le servant; le garnir de pommes nouvelles rôties.

Joseph Favre, *Dictionnaire de cuisine* (1894)

Johnny et le cake aux oreilles de cochon

En juillet 2003, Johnny m'invite à le rejoindre sur scène à Lyon, au stade Gerland, lors de sa tournée des stades, pour deux concerts. Le premier soir, je me goure sur « Gabrielle », alors que je la connais par cœur, ce qui l'a bien fait rire... On se retrouve le soir chez Chabert, une institution, qui proposait notamment au menu un cake aux oreilles de cochon, avec une salade frisée déglacée au vinaigre. Johnny me dit : « J'adore ça. » D'ailleurs, par la suite, chaque fois qu'on se voyait, il me demandait : « Quand est-ce qu'on va manger des oreillettes ? », parce que lui confondait « oreilles » et « oreillettes ».

Comme il devait repartir le lendemain, après le deuxième concert, il dit au chef Xavier Midroit : « Demain il faudra faire léger. Est-ce que tu pourrais aller me chercher du poisson ? » On s'était couchés tard, mais le chef part très tôt aux Halles pour dénicher le meilleur poisson, de grosses crevettes, et nous préparer quelque chose d'extraordinaire. Il nous apporte le poisson et les crevettes, et Johnny lui lâche : « Ça t'embête si je mange des pâtes ? ...Mais je vais prendre quand même une ou deux crevettes. »

La contrepèterie DE LA SEMAINE

Il faut laisser les nouilles cuire.

Mettez-moi au milieu d'une douzaine de gens assis qui s'ennuient. Vou verrez ces tristes s'éveiller, s'épanouir en sourires et s'arrondir les yeu pour attendre les merveilles qui vont sortir de moi. Les plus racornis retrouvent, à la vue de ma toque, leurs visages d'enfants du jeudi.

Alain Chapel

LA RECETTE DE

Jean-Paul Lacombe

de Léon de lyon

Le cake aux oreilles de cochon

POUR 4 PERSONNES

- 350 g d'oreilles de cochon cuites ou de lardons
- 60 g de beurre ramolli + 25 g pour le moule
- 25 g de persil
- 5 g de levure chimique
- 1 cuillère à soupe de moutarde
- 50 ml d'huile d'arachide
- 2 pincées de sel
- 5 tours de poivre de moulin
- 2 œufs
- 125 g de farine
- 60 g de gruyère râpé

Au restaurant Léon de Lyon, le cake aux oreilles de cochon est servi à l'apéritif; cela permet de commencer le repas par un clin d'œil à la cuisine lyonnaise. On peut accompagner le cake d'une salade frisée assaisonnée d'une vinaigrette moutardée.

Si vous ne pouvez pas vous procurer d'oreilles de cochon, vous pouvez les remplacer par des lardons, des dés de jambon blanc et des champignons.

- Prendre un moule à cake de 28 cm de longueur, 8 cm de hauteur et 7 cm de largeur; le beurrer avec un pinceau, puis découper une feuille de papier sulfurisé de la même dimension et l'appliquer à l'intérieur du moule.
- Réserver au réfrigérateur.
- Faire chauffer votre four à 180-210 °C.
- Couper les oreilles de cochon cuites en fines lamelles.
- Laver, essorer le persil et le hacher.
- Dans un saladier, mettre la levure, le beurre ramolli, la moutarde, l'huile, le sel et le poivre.
- Mélanger avec une spatule en bois pour que cet appareil soit bien lisse, puis ajouter les œufs et la farine en pluie, les oreilles en lanières, le persil et le gruyère râpé. Bien mélanger à nouveau.
- Mettre ce mélange dans un moule à cake; enfourner pendant 45 minutes.
- Au terme de la cuisson, le retirer et le démouler sur une grille.
- Laisser refroidir légèrement et déguster.

Scène culte

LA SOUPE AUX CHOUX

de Jean Girault, d'après le roman de René Fallet, avec Louis de Funès.
6 juillet 1981 : début du tournage

Le Glaude : La soupe aux choux, mon Blaise, ça parfume jusqu'au trognon, ça fait du bien partout où qu'elle se balade dans les boyaux. Ça tient au corps et ça vous fait même des gentillesses dans la tête. Tu veux que je t'y dise : ça rend meilleur.

Quand on s'en est envoyé un bol en plein dans le ventre, on a les arpions qui s'étirent dans les sabots !

> « Trouvez-moi un homme qui vit seul et dont la cuisine est propre en permanence, et neuf fois sur dix je vous montrerai un homme tout à fait détestable. »
>
> Charles Bukowski

12 JUILLET

Saint Uguzon
patron des fromagers

Uguzon était un berger du val de Carvagna, en Lombardie. Comme il donnait ses fromages et ses moutons aux pauvres, son maître le tua.

Agenda gourmand

MI-JUILLET : Fête du thon, des moules et de la sardine aux Sables-d'Olonne.

15 JUILLET : Journée mondiale de la frite.

Dicton du jour

17 juillet: sainte Charlotte

À la Saint-Ambroise, on va aux framboises,
à la Sainte-Charlotte, aux fraises.

La contrepèterie
DE LA SEMAINE

Les filles du vigneron m'ont fait visiter leur grange à vin.

Les incontournables de mes tournées

Voilà quelques-uns des rendez-vous gourmands que je ne raterais pour rien au monde, quand je suis en tournée...

Toulouse : le cassoulet aux fèves de Dominique Toulousy

Roanne : le saumon à l'oseille chez Troisgros

Lyon : le gnafron (« gratin d'andouillette ») chez Chabert

Pont-de-l'Isère : la recette de truffes chez Michel Chabran

Paris : la soupe d'artichaut de Guy Savoy

Chambéry : la fondue savoyarde (c'est la recette d'un copain que j'ai adoptée, avec deux fois plus d'ail que d'habitude).

Alsace : la matelote au riesling de Marc Haeberlin

Courchevel : les pommes de terre farcies chez Michel Rochedy au Chabichou

Bordeaux : les œufs pochés de Philippe Etchebest

Bourg-en-Bresse : le poulet à la crème et les grenouilles de Georges Blanc

Issoudun : le sandre au citron d'Alain Nonnet

En fait, j'organise un peu (beaucoup) mes tournées en fonction des bonnes tables. Il y a des villes où on n'est pas allés jouer parce qu'il n'y avait pas de bon resto à proximité. C'est comme ça : soit on dégotte une adresse sympa pour le dîner d'après-spectacle, soit on n'y va pas.

Avant d'entrer en scène, je grignote une bricole, une tranche de saucisson, mais du coup après j'ai faim. Le temps de dire un mot et de boire un verre avec les gens qui sont venus nous voir en coulisses, il est facilement 23 heures. Si on ne connaît pas, si on n'a pas réservé quelque part, tout est fermé. Depuis les 35 heures, c'est même plus la peine d'essayer. Dîner d'une salade, tout seul dans sa chambre après le spectacle, très peu pour moi. Même si je dois me lever tôt le lendemain pour ma chronique sur RTL, je tiens à aller manger un bout avec l'équipe.

Heureusement, on a des copains maintenant un peu partout en France, des restaurateurs qui sont contents de nous accueillir et chez qui on est contents d'aller dîner.

Je tiens à leur rendre hommage, à célébrer tous ces gens qui nous ont reçus après les spectacles, parfois jusque tard dans la nuit. Moi, je ne suis pas difficile, je mange de tout, y a pas un truc que je n'aime pas. Un plateau de fruits de mer en Bretagne avec une bonne bouteille de blanc, une petite auberge avec un feu de cheminée et une bonne omelette, je suis le plus heureux des hommes. Mais je sais bien que c'est aussi une contrainte pour les serveurs, pour les cuisiniers. Alors merci, merci !

Philippe Etchebest et sa brigade de choc.

Avec Marc Haeberlin.

Le jeu des termes culinaires

Vous vous y connaissez en cuisine ? On va voir ça.
Attribuez à chacun de ces termes culinaires la bonne définition.

Brunoise 1	A Découpe de champignons revenus dans des échalotes
Crépine 2	B Membrane graisseuse en forme de filet
Duxelle 3	C Préparation à base de chocolat et de beurre
Fumet 4	D Ragoût de poissons cuisinés au vin rouge
Ganache 5	E Pâte à pain
Julienne 6	F Légumes coupés en lamelles
Matelote 7	G Légumes coupés en petits dés
Pâton 8	H Jus préparé avec des restes de poissons cuits au vin blanc
Papillote 9	I Tranche épaisse
Rouelle 10	J Préparation enrobée de papier d'aluminium ou de papier sulfurisé

Solution : 1/G, 2/B, 3/A, 4/H, 5/C, 6/F, 7/D, 8/E, 9/J, 10/I

En cuisine avec Marc Haeberlin et toute son équipe.

> « J'ai davantage confiance en la cuisine de mon pays qu'en sa justice. »
> Éric Dupond-Moretti

Juillet du 23 au 31

Les incontournables de mes tournées

(les recettes francophones)

Quelques-unes des recettes de la francophonie qui sont toujours au menu des tournées...

Belgique : les croquettes aux crevettes et les bulots liégeois
Suisse : la fondue et la raclette, et le filet de perche du lac Léman
La Réunion : le rougaille saucisse, la salade de cœurs de palmier, les larves de guêpe
Nouvelle-Calédonie : la salade de poissons crus
Liban : les mezze, bien sûr
Casablanca : la salade de couilles de mouton – ça a l'air spécial, dit comme ça, mais c'est un peu comme des ris de veau
Tahiti : la salade de poissons crus
Nouvelle-Calédonie : le mahi-mahi (une sorte dorade) cuit dans une feuille de bananier

Agenda gourmand

Fête de la bière à Schiltigheim (Bas-Rhin).

Avec Thierry Frémaux, lors d'une tournée au Liban.

Dégustation de larves de guêpe à La Réunion.

La contrepèterie DE LA SEMAINE

L'andouillette cuit dans son jus.

Les joies du vin

Profondes joies du vin, qui ne vous a connues? Quiconque a eu un remords à apaiser, un souvenir à évoquer, une douleur à noyer, un château en Espagne à bâtir, tous enfin vous ont invoqué, dieu mystérieux caché dans les fibres de la vigne. Qu'ils sont grands les spectacles du vin, illuminés par le soleil intérieur! Qu'elle est vraie et brûlante, cette seconde jeunesse que l'homme puise en lui.

Charles Baudelaire, *Du Vin et du haschish* (1851)

« Redoutez les effets du vin, mais observez pourtant qu'il y a beaucoup plus de vieux ivrognes que de vieux médecins. »

Sacha Guitry

La pêche au goujon

Autrefois, le goujon était un poisson très commun, le plus utilisé en friture. On en trouvait facilement aux Halles de Lyon, on en servait dans les guinguettes du bord de Marne. Aujourd'hui, c'est devenu un poisson très rare, parce que sensible à la pollution des cours d'eau et parce qu'il est très vif. J'allais le pêcher dans la rivière, avec mon père. Il fallait repérer un coin sableux ou graveleux, racler le fond avec un râteau ou un bâton et les goujons arrivaient. Quand il commence à y en avoir, c'est par bancs entiers et c'est tant mieux, parce que ce sont de tout petits poissons et qu'il en faut beaucoup pour faire une friture. Mon père, c'est un orfèvre de la pêche au goujon. Il dit toujours : « Trois heures pour pêcher, une heure pour préparer et cinq minutes pour les manger ! »

Régal de friture de goujons avec Pierre Perret, chez mes parents, à Mézériat.

Pierre Perret était un jour venu pêcher le goujon à Mézériat, chez mes parents, dans la rivière qui borde leur maison. Je me souviens également d'une friture de goujons préparée pour Georges Blanc. Avec mon père, on passe la journée à les pêcher, on fait la friture en les roulant dans la farine avant de les plonger dans l'huile, puis on les relève avec du citron et du persil haché. Je me souviendrai toujours de la réaction de Georges Blanc, lui, le chef étoilé : « Ça fait trente ans que je n'ai pas mangé un truc comme ça, oh vingt dieux, oh vingt dieux ! »

UNE *anecdote* DE TABLE

Compter pour des prunes

L'expression date de la deuxième croisade, qui se termina en 1148 par le siège de Damas, levé au bout d'une semaine. Le seul acquis de l'expédition fut la découverte des pruniers, que les croisés ramenèrent en Europe. Ils s'étaient donc battus pour des prunes…

> « Le bonheur est une petite maison avec une grande cuisine. »
>
> Alfred Hitchcock

> **Le comble de l'art, c'est de faire manger des gens qui n'ont pas faim, et je dois le faire à longueur d'année!**
>
> Paul Bocuse

29 JUILLET

Sainte Marthe
patronne des cuisiniers

Elle était la sœur de Marie-Madeleine et Lazare, celui que Jésus a ressuscité. Pendant que tout le monde était en adoration, elle se mit aux fourneaux pour nourrir son monde en déclarant (dit-on) : « Si nous restions en contemplation comme Madeleine, il n'y aurait personne pour donner à manger à cet hôte divin. »

AU MENU
DU MOIS DE

Août

LE CHEF
VOUS PROPOSE

Barbecue à la Gerra

Pique-nique façon Marc Veyrat

Omelette aux chanterelles sans chanterelles

Tripes façon grand-mère

Bêtises de Cambrai

Liqueur de génépi

Août du 1er au 7

Agenda gourmand

PREMIER WEEK-END D'AOÛT : Fête de l'escargot à Digoin. Foire aux huîtres à Bouzigues. Fête de la mer et du maquereau à Trouville-sur-Mer.

Dicton du jour

4 août: saint Jean-Marie
À la Saint-Jean-Marie, on dîne au son des Sieg Heil.

Une anecdote de table

Le café liégeois

Le 7 août 1914, le gouvernement français décerna la Légion d'honneur à la ville de Liège, en Belgique, pour la résistance de ses forts face à l'envahisseur allemand. À cette occasion, les cafetiers de Paris débaptisèrent le café viennois – nom qui évoquait trop l'Autriche – pour lui donner le nom de « café liégeois ». Dans la foulée, la ville de Paris débaptisa la rue de Berlin et la station de métro du même nom pour les appellations « rue de Liège » et « Liège ».

La contrepèterie de la semaine

C'est dimanche: un coup de vin!

Un « pique-nique » avec Marc Veyrat

Nous avions passé un week-end chez Marc Veyrat dans sa Maison des Bois à Manigod. Et le lundi matin, jour de relâche, il nous dit : « Vous mettez les chaussures de marche, on se retrouve au sommet de la Croix-Fry. » Le col de la Croix-Fry – bien connu des cyclistes – se trouve à près de 1 500 mètres d'altitude. Une belle balade. Nous partons avec Christelle et, en chemin, sur un sentier de montagne, nous sommes dépassés par un 4x4 chargé à ras bord de malles, de caisses diverses et d'une table ronde. Quand nous sommes arrivés au sommet du col, avec un panorama à 360 degrés sur la chaîne des Aravis et le Mont Blanc, Marc nous attendait. Il était là depuis 4 heures du matin. Il avait dressé une table avec service en porcelaine et verres en cristal, mis des bouteilles de vin au frais dans l'abreuvoir où coulait de l'eau de source, et un menu gastronomique – omble-chevalier, pain aux truffes et plantes aromatiques cueillies sur place – mijotait sur un feu de bois. Un pique-nique trois étoiles...

▼ Pique-nique de luxe avec Marc Veyrat au col de la Croix-Fry.

LA RECETTE DE

Marc Veyrat

Omelette aux chanterelles sans chanterelles

L'épiaire des bois ressemble à une ortie. Elle peut se consommer crue, mais son odeur est assez forte – on la surnomme «ortie puante» –, qui disparaît à la cuisson pour donner un étonnant parfum de chanterelles.

- Faire tremper les feuilles d'épiaire, puis les égoutter.
- Les faire sauter au beurre.
- Hacher les feuilles et réserver.
- Pour la préparation de l'omelette, commencer par séparer les jaunes des blancs.
- Fouetter les jaunes jusqu'à obtenir une émulsion.
- Battre légèrement les blancs au fouet et incorporer délicatement aux jaunes.
- À la cuisson, ajouter les feuilles d'épiaire.

On obtient une omelette à la légèreté incomparable et au goût subtil de champignon… sans champignon.

POUR 4 PERSONNES

- 8 à 10 œufs
- 20 feuilles d'épiaire des bois (se cueille de fin avril à septembre)
- Beurre

« Il n'y a que les imbéciles qui ne soient pas gourmands. On est gourmand comme on est artiste, comme on est instruit, comme on est poète. »

Guy de Maupassant

Le jeu de l'argot alimentaire

Rendez à chaque aliment son synonyme en langage courant.

Andouille 1	A Malchance
Blé 2	B Film nul
Cerise 3	C Sot
Cornichon 4	D Idiot
Lapin 5	E Coup
Marron 6	F Grande forme
Navet 7	G PV
Patate 8	H Argent
Poire 9	I Rendez-vous raté
Prune 10	J Naïf

Solution : 1/C, 2/H, 3/A, 4/D, 5/I, 6/E, 7/B, 8/F, 9/J, 10/G

UNE **anecdote** DE TABLE

Le rôti sans pareil

Alexandre Grimod de la Reynière (1758-1837) est l'un des pères de la gastronomie française, auteur du fameux *Almanach des gourmands* en huit volumes, publiés de 1803 à 1812, dans lequel il recense tous les plats de son époque. Le plus surprenant de tous est sans doute le « rôti sans pareil », une recette étonnante, puisqu'elle consiste en une invraisemblable imbrication de volailles désossées de différentes tailles cuites au four.

On commence par farcir une olive aux anchois et aux câpres, que l'on place dans un becfigue, introduite à son tour dans un ortolan, puis dans une mauviette, une grive, une caille, un vanneau, un pluvier doré, une perdrix, une bécasse, une sarcelle, un pintadeau, un canard, un poulet, un faisan, une oie, une dinde et enfin une outarde. À servir chaud.

Août du 8 au 14

Agenda gourmand

14 AOÛT : Journée mondiale du rosé.

La contrepèterie DE LA SEMAINE

Ce bar est bondé.

Bibliothèque gourmande

La physiologie du goût

Qu'y a-t-il de plus tendre qu'un buveur, de plus disposé à la libéralité qu'un convive joyeux? Demandez à la petit marchande qui circule dans la salle d'un restaurateur à qui elle adressera sa requête, ou de l'homme mesquin qui noie deux gouttes de vin dans un verre d'eau, ou de celui qui, entouré de flacons et d'assiettes, s'exerce avec le plus d'activité!

Honoré de Balzac, *La Physiologie du goût* (1825)

UNE anecdote DE TABLE

Le vin rosé

Le rosé qu'on boit en été est le premier vin qu'ait connu l'humanité assoiffée. En Égypte, en Grèce et à Rome, on buvait du vin clairet *(vinum clarum)*, qui avait été débarrassé de la peau et des pépins de raisin avant la fermentation.

> **Greffez des plants de rosiers sur des plants de vigne, ça fera du vin rosé naturel.**
> Pierre Dac

14 AOÛT

Saint Arnoult
patron des brasseurs

Évêque de Soissons, né en 1040 en Belgique, il voulut fonder une abbaye à Oudenburg, mais la peste l'en empêcha. Avec les ouvriers survivants, il se mit à brasser de la bière, ce qui sauva la population, puisque l'eau servant à la fabrication de la bière était bouillie et ainsi débarrassée de ses microbes.

On lui attribue la prière de la bière : « Bénis, ô Seigneur, cette bière nouvelle, qu'il t'a plu de tirer de la tendresse du grain : puisse-t-elle offrir au genre humain un remède salutaire : fais que, par l'invocation de Ton saint nom, quiconque en boive recouvre la santé du corps et la protection de son âme. Au nom du Christ notre Seigneur. Amen. »

LES RECETTES DE

ma grand-mère

Les tripes

POUR 8 PERSONNES

- 1,5 kg de tripes
- Beurre
- 12 oignons
- 6 ou 7 gousses d'ail
- 1 tranche de poitrine salée
- 1 livre de carottes
- 1 l de vin blanc
- 1 grosse boîte de concentré de tomates
- Thym, laurier, persil
- Sel, poivre, poivre de Cayenne, paprika, 5 épices

- Passer au beurre les tripes coupées en petits morceaux, avec oignons, ail, lard et carottes.
- Mettre dans une grande casserole, ajouter le vin blanc, le concentré de tomates, les herbes, les épices et le sel. Couvrir d'eau.
- Laisser cuire 1 h 30 sur le gaz, puis 4 heures au four.

Les tripes, c'est un souvenir de cuisine avec ma grand-mère. Je l'aidais à les couper très fin, et elle les préparait à la mode de Caen mais avec plus de tomates. Chaque fois que j'en ai goûté, à Lyon ou ailleurs, je n'ai jamais retrouvé le goût de celles de ma grand-mère…

UNE

anecdote

DE TABLE

Fernand Point, le grand chef triplement étoilé de La Pyramide, à Vienne, dans les années 1930, avait un bon cœur et ne se méfiait que des maigres. Et encore, avec réserve : « Gardons-nous de juger trop vite sur la mine, disait-il. Renseigne-toi : c'est peut-être un ancien gros… »

Une **anecdote** de table

La bêtise de Cambrai

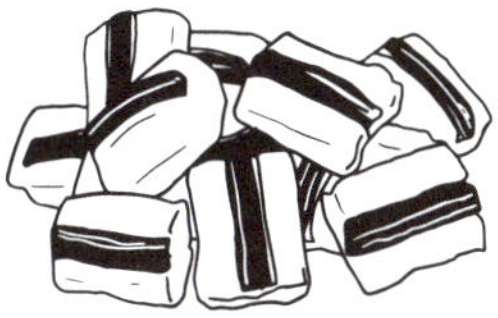

C'est bien une bêtise qui serait à l'origine de ce bonbon rayé au goût de menthe. Deux maisons concurrentes en revendiquent la paternité : Despinoy et Afchain. Selon ces derniers, vers 1830, le jeune Émile Afchain, apprenti confiseur, aurait fait tomber du sirop de menthe dans la préparation des berlingots. Au lieu d'avouer sa faute, il n'en dit rien, mais les clients remarquèrent et plébiscitèrent ce goût nouveau. Les parents confiseurs n'eurent plus qu'à confier désormais la préparation des bonbons à leur fils, dont la « bêtise » avait tant de succès.

Selon la maison Despinoy, le bonbon est dû à une erreur de dosage d'un mitron auquel Jules Despinoy lança : « Tu ne sais faire que des bêtises ! »

Dicton du jour

9 août : sainte Thérèse

Qui mange trop de fraises à la Sainte-Thérèse aura la courante à la Sainte-Amarante.

> **« Mieux vaut boire trop de bon vin qu'un petit peu de mauvais. »**
>
> Georges Courteline

10 août : saint Laurent

Saint Laurent, diacre de l'un des premiers papes de notre ère, est mort en martyr sur le gril. Selon la tradition, il aurait lancé à ses bourreaux romains : « Voici, ce côté est maintenant bien rôti ; retournez-moi, pour que l'autre cuise aussi. » Ironie amère : il est le saint patron des cuisiniers et des rôtisseurs...

Avec ma grand-mère autour d'un verre de pouilly-fuissé.

Août du 15 au 22

Agenda gourmand

MI-AOÛT : Fête du bleu d'Auvergne à Riom-ès-Montagnes. Fête de l'andouille à Guémené.

Dicton du jour

18 août: sainte Hélène
Si on te prend pour une poire, aujourd'hui c'est normal.

> Il ne suffit pas d'avoir de l'appétit, il faut aussi avoir de l'estomac.
>
> Philippe Seguin

LA RECETTE DU CHEF

La liqueur de génépi

La liqueur de génépi, à boire en digestif après une journée de ski, en principe c'est «quarante brins, quarante sucres, quarante jours». En réalité, une quinzaine de sucres suffisent, pour ne pas recouvrir entièrement le goût de la plante.

- Mettre quarante brins (tige et fleurs) de génépi dans un litre l'alcool pur plus ou moins coupé d'eau (environ à moitié) ou, plus simplement, dans de la vodka.
- Ajouter quinze à vingt morceaux de sucre selon votre goût.
- Laisser macérer quarante jours, puis retirer les brins de génépi et filtrer.

Selon la recette de Marc Veyrat, il ne faut pas faire macérer les tiges fleuries directement dans l'alcool, mais les suspendre dans une poche de gaze au-dessus de l'alcool, dans un bocal fermé, pour un goût plus subtil.

Mes cueillettes

Le génépi

Fin août, «quand les blés courbent la tête», selon la sagesse populaire, c'est le moment de récolter le génépi, une plante qui ne pousse qu'en montagne et qui sert à fabriquer une liqueur formidable. C'est une espèce d'armoise, de la même famille que l'absinthe, qu'on trouve sur les rochers et les endroits caillouteux.

Ce n'est pas une plante menacée, mais la cueillette est limitée au génépi noir, et dans la limite de 100 brins par personne – de quoi fabriquer deux bons litres de liqueur –, qu'il faudra couper aux ciseaux ou au sécateur et non arracher.

La contrepèterie
DE LA SEMAINE

Personne n'aime la graisse de fenouil.

> « Contrairement à l'habitude, l'idéal serait de commencer par la carte des vins et après d'établir un menu en fonction des vins choisis. »
>
> Gilles Étéocle

UNE **anecdote** DE TABLE

Pour faire un bon barbecue

L'été, c'est la saison des barbecues, un exercice dans lequel je ne suis pas mauvais. Le secret, c'est de faire mariner la viande quelques heures avant de la cuire, comme les chachliks en Russie. Par exemple : vinaigre balsamique, oignon haché, romarin, Sel, poivre, pour la viande rouge ; huile, vin blanc, oignon haché, ail haché et jus de citron pour les viandes blanches… Pour la cuisson, évidemment, un feu de bois. Et on ajoute des épices sur chaque côté de la viande, par exemple du serpolet pour les côtes de porc, en évitant que la viande grille et noircisse.

Marc Veyrat a une recette incroyable de canette cuite au barbecue sur des écorces d'épicéa. Il met même de la mousse, ce qui n'est pas à recommander si on ne connaît pas la nature aussi bien que lui, parce qu'avec du lichen on peut s'empoisonner. Mais la canette de Marc Veyrat, c'est un truc de dingue. À chaque bouchée, j'ai l'impression de me balader dans les bois.

La salade gourmande du Mercure de Limoges

Je suis sûr qu'elle est formidable, cette salade gourmande du Mercure de Limoges, mais je me souviens surtout qu'Eddy Mitchell l'avait évoquée quand il avait décidé d'arrêter les tournées.

«Pourquoi vous arrêtez? avait demandé un journaliste.

– Parce que j'en ai marre de la salade gourmande du Mercure de Limoges.»

Et ça m'a parlé… C'est vrai que quand on sort de scène, il est tard, on a faim, et si on n'a pas réservé quelque part, on peut se retrouver dans la salle de restaurant de l'hôtel vide, devant une assiette tristounette. C'est pour ça que je programme mes tournées en fonction des endroits où on peut dîner.

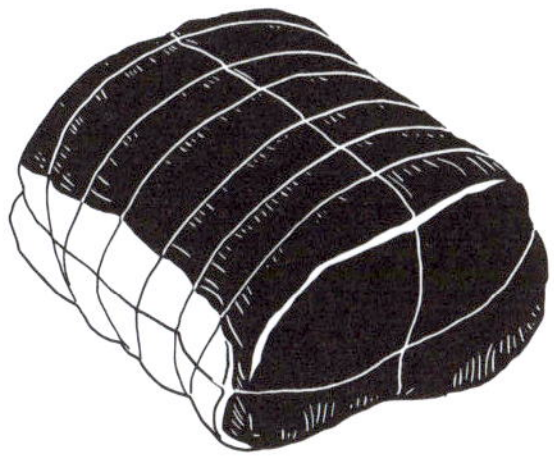

Bibliothèque gourmande

Le marché de la Part-Dieu

Un beau marché me rend modeste. Je me dis: «Laisse un peu ta virtuosité à l'office. Ne t'amuse pas trop à enjoliver une si belle nature. Sers la vérité encore palpitante de fraîcheur.» Où les bonnes ménagères peuvent-elles trouver des idées «diététiques» pour leurs tables? Pas dans un livre de cuisine: au marché. La diététique d'hiver, c'est le vert émeraude du cresson posé près du rouge d'un rôti de bœuf. La diététique d'été, ce saumon rose blotti dans le vert tendre d'une laitue. Et ça, hein, c'est pas du régime en fête? Tout diététicien qui n'a pas un cœur de peintre n'est qu'un emmerdeur.

Alain Chapel, dans *Croque-en-bouche*, de Fanny Deschamps (1976)

Août du 23 au 31

Agenda gourmand

DU 21 AU 29 AOÛT : Fête de la mirabelle à Metz.

DERNIÈRE SEMAINE D'AOÛT : Fête du cassoulet à Castelnaudary.

DERNIER WEEK-END D'AOÛT : Pruneau Show à Agen.

DERNIER DIMANCHE D'AOÛT : Garden Pâté de Hénaff à Pouldreuzic. Même date : Fête du cochon à Estissac.

La sauce salade : une affaire de famille

Mon arrière-grand-mère écrasait l'ail à la fourchette dans la moutarde, ma grand-mère disait qu'elle n'égalait pas celle de sa mère, celle de ma grand-mère était inimitable, mon père a pris le relais et moi j'essaie modestement de maintenir la tradition.

Pas de recette spécifique, désolé, c'est un peu « au pif », mais il m'arrive de mélanger vinaigre de cidre et de vinaigre de vin, beaucoup de poivre, de la bonne huile d'olive, de l'ail ou de l'oignon frais en saison.

Mon ami Marc Veyrat dit toujours : « La base, c'est de savoir faire la sauce de salade. » On ne l'apprend pas assez dans les écoles de cuisine.

> **« La gastronomie – activité passive de ceux qui ne savent pas cuisiner – est un art. Mais il ne faut pas en faire un plat. »**
>
> Philippe Bouvard

À TABLE AVEC

Jean-Jacques Peroni

Fin août, c'est la période de la rentrée à la radio, le moment où on commence la nouvelle saison. En 2007, je passais sur RTL à 18 h 30 pour une chronique d'actualité à la sauce «malfaisant», coécrite avec Jean-Jacques Peroni, «Le Grand Juron» (un détournement du «Grand Jury» de RTL). Nous avions l'habitude de nous retrouver chaque midi chez Savy, en face de la radio, pour écrire les chroniques du jour en buvant un coup et en déjeunant. C'était le point de rencontre de tous les journalistes et animateurs de l'antenne, mais on y était tranquilles pour travailler et rigoler, en commandant des plats du jour, cuisinés en fonction des saisons. Le plus souvent, nos déjeuners duraient jusqu'à l'heure de l'émission...

Avec Jean-Jacques, nous écrivons toujours à table, que ce soient les textes de radio ou les textes de scène. C'est l'occasion aussi de partager des moments avec des amis, comme le metteur en scène Georges Lautner, que nous avions rencontré je crois lors du Festival télé de Luchon, et qui aimait venir nous retrouver pour manger un bout et voir comment on bossait. Chez Savy, il prenait toujours l'andouillette sauce moutarde, qu'il sauçait avec son pain en disant: «Elle est bonne, la sauce, elle est bonne», jusqu'à ce que l'assiette soit étincelante. Le moins qu'on puisse dire, c'est que Lautner était bon vivant. Un «quadrille de mâchoires», comme disait Jean Gabin (en parlant de Lino Ventura).

Déjeuner de travail avec Jean-Jacques au Café de Paris.

Bibliothèque gourmande

Du gourmet

Cliton n'a jamais eu en toute sa vie que deux affaires, qui est de dîner le matin et de souper le soir, il ne semble né que pour la digestion. Il n'a de même qu'un entretien: il dit combien il y a eu de potages, et quels potages, il place ensuite le rôt et les entremets, il se souvient exactement de quels plats on a relevé le premier service, il n'oublie pas les hors-d'œuvre, le fruit et les assiettes, il nomme tous les vins et toutes les liqueurs dont il a bu, il possède le langage des cuisines autant qu'il peut s'étendre, et il me fait envie de manger à une bonne table où il ne soit point.

Jean de La Bruyère, *Les Caractères* (1688)

> **« Un anniversaire à mon âge, ce n'est pas une année en moins mais du bonheur en plus. Et tant mieux si les bougies coûtent plus cher que le gâteau! »**
>
> Line Renaud

La contrepèterie

DE LA SEMAINE

Pour le dessert, un flan anglais.

UNE **anecdote** DE TABLE

La reine-claude

Le nom de cette prune vient de Claude de France, duchesse de Bretagne qui devint reine en épousant François Ier en 1515. Le sultan Soliman le Magnifique lui offrit, par l'intermédiaire de notre ambassadeur, une variété de prunier donnant des fruits verts, jusque-là inconnue en Europe.

AU MENU
DU MOIS DE

Septembre

LE CHEF
VOUS PROPOSE

Moules marinières façon grand-mère

Calament en cueillette

Soufflé de pomme de terre
du Grand Restaurant

Mise en bouche à la Jacques Martin

Spaghettis bolognaise façon Affranchis

À propos de Philippe Bouvard

Tarte Tatin

Septembre du 1er au 7

Agenda gourmand

PREMIER WEEK-END DE SEPTEMBR Braderie de Lille, pour les moules-frites. Festival Toulouse à table.

7 SEPTEMBRE : Journée mondiale du salami.

Dicton du jour

1er septembre : saint Gilles
L'œuf qui est blanc à la Saint-Jean,
à la Saint-Gilles est jaune.

2 septembre : sainte Ingrid
À la Sainte-Ingrid,
il est temps de perdre ton bide.

Une anecdote de table

Le paris-brest

Le 6 septembre 1891, la première course cycliste entre Paris et Brest (1 200 kilomètres, tout de même, par les petites routes) connut un tel succès que le pâtissier parisien Louis Durand décida de la célébrer en créant un petit gâteau en forme de roue de vélo.

LES RECETTES DE

ma grand-mère

Les moules marinières

POUR 1 PERSONNE

- 1 l de moules par personne
- Beurre
- 1 petite cuillère à soupe de farine
- 1/2 l de vin blanc
- Persil, ail
- Sel, poivre

Je me souviens d'avoir passé du temps avec ma grand-mère à nettoyer les moules. On ne les achetait pas toutes préparées, toutes propres comme aujourd'hui. Il fallait enlever le byssus, la barbe au pied de la moule, puis gratter les coquilles. Ma grand-mère avait les mains noires à force de le faire...

- Dans une casserole, pas très haute afin d'attraper les moules sans se brûler, mettre un morceau de beurre.
- Faire ouvrir les moules en plusieurs fois, ôter une coquille sur deux.
- Passer le jus à travers un coton.
- Mettre un bon morceau de beurre au fond de la cocotte, ajouter une persillade (au beurre blond), la farine, le vin blanc.
- Laisser cuire à feu doux, poivrez, salez un peu, puis ajouter le jus des moules.
- Laissez mijoter 5 minutes.

Dicton du jour

7 septembre: sainte Reine

Pour fêter la Sainte-Reine, commande une pizza.

Bibliothèque gourmande

Il faut manger pour vivre et non pas vivre pour manger

MAÎTRE JACQUES: Combien serez-vous de gens à table?

HARPAGON: Nous serons huit ou dix; mais il ne faut prendre que huit. Quand il y a à manger pour huit, il y en a bien pour dix.

VALÈRE: Cela s'entend.

MAÎTRE JACQUES: Hé bien! il faudra quatre grands potages bien garnis et cinq assiettes d'entrées. Potages: bisque; potage de perdrix aux choux verts; potage de santé; potage de canard aux navets. Entrées: fricassée de poulets; tourte de pigeonneaux; ris de veau, boudin blanc; et morilles.

HARPAGON: Que diable, voilà pour traiter toute une ville entière!

MAÎTRE JACQUES: Rôt dans un grandissime bassin en pyramide, une grande longe de veau de rivière, trois faisans, trois poulardes grasses, douze pigeons de volière, douze poulets de grain, six lapereaux de garenne, douze perdreaux, deux douzaines de cailles, trois douzaines d'ortolans...

HARPAGON, en lui mettant la main sur la bouche: Ah! Traître, tu manges tout mon bien!

MAÎTRE JACQUES: Entremets...

HARPAGON, lui mettant encore la main sur la bouche: Encore?

VALÈRE, à maître Jacques: Est-ce que vous avez envie de faire crever tout le monde? Et monsieur a-t-il invité des gens pour les assassiner à force de mangeaille? Allez-vous-en lire un peu les préceptes de santé, et demander aux médecins s'il n'y a rien de plus préjudiciable à l'homme que de manger avec excès.

HARPAGON: Il a raison.

VALÈRE: Apprenez, maître Jacques, vous et vos pareils, que c'est un coupe-gorge qu'une table remplie de trop de viandes; que pour se bien montrer ami de ceux que l'on invite, il faut que la frugalité règne dans les repas qu'on donne; et que suivant le dire d'un ancien, il faut manger pour vivre et non pas vivre pour manger.

HARPAGON: Ah! que cela est bien dit! Approche que je t'embrasse pour ce mot. Voilà la plus belle sentence que j'aie entendue de ma vie; il faut vivre pour manger, et non pas manger pour vi... Non, ce n'est pas cela. Comment est-ce que tu dis?

VALÈRE: Qu'il faut manger pour vivre et non pas vivre pour manger.

Molière, *L'Avare* (1668)

À l'antenne avec Cyril Lignac

Cyril Lignac passe à l'antenne de RTL juste après ma chronique quotidienne, et il est souvent présent avec nous en studio pendant le direct, ce qui est l'occasion de nombreux fous rires. Un matin, nous lui avions écrit un texte, « la recette de la raclette vegan », qu'il lut lui-même au micro, comme dans son émission «L'Astuce du chef». En l'occurrence, une raclette vegan, sans charcuterie ni fromage, c'était… une pomme de terre à l'eau.

La contrepèterie DE LA SEMAINE

Une fine appellation s'impose!

> **Le vrai gourmet est celui qui se délecte d'une tartine de beurre comme d'un homard grillé, si le beurre est fin et le pain bien pétri.**
>
> Colette

Septembre du 8 au 14

Agenda gourmand

13 SEPTEMBRE : Journée mondiale de la cacahuète.

MI-SEPTEMBRE : Foire aux haricots d'Arpajon.

La contrepèterie DE LA SEMAINE

Madame n'aime pas les marcs trop doux.

....

UNE anecdote DE TABLE

Comment reconnaître les pâtes

Il existe en Italie plus de 300 sortes de pâtes. Deux ou trois trucs pour s'y retrouver :

Les suffixes *-ette* (conchigliette, orecchiette, reginette…) ou *-ini* (capellini, ricciolini, anellini…) désignent des pâtes de petite taille. Le suffixe *-oni* (macaroni, conchiglioni, cannelloni, rigatoni) désigne au contraire des pâtes de grande taille.

Spaghetti est le pluriel de *spaghetto,* qui signifie « petit cordage ».

Le terme *rigate* (rigatoni, penne rigate…) veut dire « strié ».

Parmi les appellations les plus imagées, *penne* (plume), *conchiglie* (coquilles), *farfalle* (papillons) et, mes préférées, les *strozzapreti,* de forme irrégulière torsadée, terme qui signifie « étrangle-prêtres ».

Bibliothèque gourmande

L'ode au brie

Assis sur le bord d'un chantier
Avec les gens de mon métier,
C'est-à-dire avec une troupe
Qui ne jure que par la coupe,
Je m'écrie en lâchant un rot:
Béni soit l'excellent Bilot,
Il nous a donné un fromage
À qui l'on doit bien rendre hommage.

À genoux, enfants débauchés,
Chers confidents de mes péchés!
Sus! qu'à plein gosier on s'écrie:
Béni soit le terroir de Brie!
Béni soit son plaisant aspect,
Qu'on n'en parle qu'avec respect,
Que ses fertiles pâturages
Soient à jamais exempts d'orages!

Marc-Antoine Girard de Saint-Amant
(de l'Académie française, 1634)

« L'emblème de la France, c'était le coq. C'est aujourd'hui le coq au vin. »

Gilbert Cesbron

Scène culte

LA RECETTE DU SOUFFLÉ À LA POMME DE TERRE DU *GRAND RESTAURANT*

De Jacques Besnard, dialogues de Jean Halain, avec Louis de Funès, Bernard Blier, Paul Préboist... Sortie en salles le 9 septembre 1966.

À la demande du commissaire, le restaurateur Septime donne sa recette du soufflé aux pommes de terre à un convive allemand, le Dr Müller.

Septime : Bon alors, pour vous, monsieur le commissaire divisionnaire... Alors voilà. Vous prenez ein kilogramme kartoffeln (...) Ein liter milch. Drei eier. Neunzig gram butter, Salz, und muskatnuss... Je répète, Herr Müller, ich wiederhole *(le ton change alors qu'une ombre dessine sur le visage de Septime la mèche et la moustache d'Hitler)* ein Kilogramm Kartoffeln ! Ein Liter Milch ! Drei Eier ! Neunzig Gram Butter ! Salz, und... Und ?... MUSKATNUSS !... MUSKATNUSS, HERR MÜLLER !!!

Mes cueillettes

Le calament

Au début de l'automne, j'étais allé passer la journée chez Marc Veyrat sur ses terres, à Manigod, en Haute-Savoie. Il m'avait dit qu'il y avait un chalet de famille, mais en fait de chalet ce n'était qu'une grange, avec juste une plaque chauffante en guise de cuisine. Alors qu'arrive l'heure du déjeuner, Marc me proposa : « On va se faire une omelette au calament, d'accord ? Je dus avouer que je n'en avais jamais entendu parler, mais nous sommes partis en chercher. Ce sont des plantes vivaces à fleurs bleues. Il m'en fait goûter et me demande ce que j'en pense. Le goût m'était familier, mais je n'arrivais pas à le définir clairement. Je lui ai simplement répondu que ça me faisait penser à de l'antésite.
« Tu as raison, il y a de la réglisse, de la mélisse et de la menthe... Tu vas voir, avec une omelette. »

Marc Veyrat

du 15
au 22

Septembre

Agenda gourmand

Le Ban des vendanges de la Jurade de Saint-Émilion.

20 SEPTEMBRE : Journée mondiale du ti-punch.

UNE
anecdote
DE TABLE

La tarte Tatin

C'est en cette période d'ouverture de la chasse que les sœurs Tatin, en charge de l'hôtel familial à Lamotte-Beuvron dans les années 1920, créèrent, dit-on, leur fameuse tarte, à la suite d'une maladresse. Tandis que Caroline s'occupait de la clientèle, sa cadette Stéphanie s'affairait en cuisine. Dans l'urgence, elle mit au four une tarte aux pommes en oubliant la pâte, qu'elle disposa après coup par-dessus.
La tarte Tatin était née.
En réalité, il semble que la recette de tarte renversée était une spécialité locale déjà bien connue, au point que le propriétaire de Maxim's, Louis Vaudable, essaya d'en obtenir la recette auprès des deux sœurs, allant jusqu'à faire embaucher un espion pour finalement mettre la main dessus. La recette fut alors proposée chez Maxim's sous le nom de « tarte des demoiselles Tatin » et promue par le célèbre critique culinaire Curnonsky.
On dit aussi que c'est Curnonsky qui inventa toute l'histoire, mais la légende des sœurs Tatin est plus belle…

> « Boire sans soif et faire l'amour en tout temps, madame, il n'y a que cela qui nous distingue des autres bêtes. »
>
> Beaumarchais

Scène culte

LES SPAGHETTIS BOLOGNAISE DES *AFFRANCHIS*

De Martin Scorsese (1990), avec Ray Liotta, Robert de Niro...

Dans la fameuse scène où les Affranchis cuisinent en prison, la recette des spaghettis est celle de Catherine Scorsese, la mère du réalisateur (qui fait une apparition dans le rôle de la mamma de Tommy DeVito). Son mari, Charles, interprète Vinnie, en charge de la sauce tomate.

Henry : En prison, les dîners c'était toujours tout un truc. On avait les pâtes en entrée et ensuite on avait viande ou poisson. Paulie s'occupait du travail de préparation. Il faisait un an pour outrage aux forces de l'ordre et il avait vraiment le coup de main pour l'ail. Il se servait d'un rasoir et il coupait l'ail tellement fin que ça fondait dans la poêle, avec juste un filet d'huile. C'est une bonne recette... Vinnie était responsable de la sauce tomate...

À TABLE AVEC

Jacques Martin

Jacques Martin, qui nous a quittés le 14 septembre 2007, était un grand amateur de cuisine lyonnaise, et il avait de qui tenir: son grand-père, Joannès Ducerf, fut le chef de cuisine du tsar Nicolas II de Russie avant d'ouvrir à Lyon un restaurant réputé, dans lequel travailla notamment un certain Paul Bocuse. Ce qui permettait à Jacques de rappeler au grand Paul: «N'oublie pas que tu es un peu l'élève de mon grand-père!»
Lui-même aurait pu devenir cuisinier, mais il devint surtout gastronome. Avec des amis, il avait eu l'idée de se lancer dans une «semaine de la grande bouffe», d'un trois-étoiles à l'autre. Ils démarrèrent chez Michel Guérard, à Asnières, puis enchaînèrent avec Charles Barrier à Tours, Troisgros à Roanne, L'Oasis de Louis Outhier à Mandelieu-la-Napoule, Roger Vergé au Moulin de Mougins et L'Oustau de Baumanière de Raymond Thuillier aux Baux-de-Provence. En arrivant chez Alain Chapel à Mionnay, Jacques et ses copains n'en pouvaient plus et durent jeter l'éponge, ou plutôt la serviette. Navré de ne pouvoir faire honneur à la table d'Alain Chapel, Jacques Martin se consola en déclamant en cuisine un hommage à son grand-père Ducerf!

La contrepèterie
DE LA SEMAINE

Madame invite le penseur à dîner.

Septembre du 23 au 30

Agenda gourmand

FIN SEPTEMBRE : Festival international de la gastronomie à Mougins. Fête des vendanges à Saumur.

La contrepèterie
DE LA SEMAINE

Au menu: une fine à prix cassé.

....

Bibliothèque gourmande

Les aphones, les myopes, les sourds et autres trouble-fête

Un petit monsieur, laid, pâle, emperruqué, s'adresse à vous du bout de la table, et à la contraction de ses muscles faciaux, à la multiplicité de ses gestes, vous devinez bien qu'il parle; il vous demande probablement quelque chose, mais comment pourriez-vous le comprendre? Aucun son ne parvient à votre oreille; vous finissez par envoyer une cuillère d'entremets à cet aphone qui voulait une tranche de rôti.

A.-B. de Périgord (de son vrai nom Horace-Napoléon Raisson).
Nouvel almanach des gourmands (1925)

À TABLE AVEC

Philippe Bouvard

Philippe Bouvard n'aimait pas trop sortir, pas même pour aller au restaurant. C'était cependant un vrai gourmet et un vrai gourmand, lui qui disait: «Chaque fois que ma peau pourrait se plisser, je mange un peu plus pour qu'elle se tende.» Il préférait vous inviter chez lui, dans sa magnifique maison parisienne du 17ᵉ, entre son jardin, ses arbres et sa bibliothèque de 4 000 livres rares. Jean-Jacques Peroni et moi avons eu un projet d'émission avec lui, et il nous avait invités dans son hôtel particulier pour en parler. Ce que je ne savais pas, c'est que son grand truc quand on allait chez lui, c'était le gigot de sept heures. Une épaule d'agneau qui avait bien cuit dix heures à la cocotte et qu'on aurait pu manger à la cuillère. Inutile de dire que nous n'avons pas beaucoup parlé boulot ce jour-là...

UNE *anecdote* DE TABLE

La pizza margherita

La pizza est une spécialité napolitaine dont les origines se perdent dans la nuit des temps. Le mot «pizza» signifie «galette de pain», avec sans doute la même étymologie que le grec *pita*. C'était le plat populaire par excellence, cuit au four avec les ingrédients qu'on avait sous la main jusqu'à ce que, en juin 1889, le chef Raffaele Esposito conçoive une pizza à base de basilic, de mozzarella et de sauce tomate, reproduisant ainsi les couleurs vert-blanc-rouge du drapeau italien. Il la nomma Margherita en l'honneur de la reine Marguerite de Savoie, épouse d'Humbert Iᵉʳ, venue à Naples pour l'inauguration des vastes travaux urbains connus sous le nom de *Risanamento*.

À TABLE AVEC

Venantino Venantini

Venantino, c'est Pascal, le «porte-flingue» des Volfoni dans *Les Tontons flingueurs.* Un type adorable, truculent, qui nous a souvent fait visiter Rome, qu'il connaissait comme sa poche. La première fois que je l'ai retrouvé là-bas, je n'y étais plus revenu depuis le CM2… Il nous a fait découvrir des adresses inconnues des touristes, comme cette petite trattoria de la via della Croce, où il allait dîner avec Ugo Tognazzi, Dino Risi ou Ettore Scola.

Durant l'un de nos séjours, il nous a entraînés au Vatican, qu'il connaissait particulièrement, d'une part parce qu'il avait fait les Beaux-Arts, mais aussi parce qu'il y avait tourné en 1965 dans *L'Extase et l'Agonie* de Carol Reed, aux côtés de Charlton Heston dans le rôle de Michel-Ange. Durant cette semaine, je ne sais pas pourquoi, Venantino s'était mis en tête de décrocher une audience avec le pape Benoît XVI. Nous n'avons pas eu d'audience avec Benoît XVI, mais il m'a fait déguster les meilleurs spaghettis *alle vongole* (aux palourdes) de ma vie.

> Je ne ris jamais avant d'avoir pris mon café.
>
> Clark Gable

UNE **anecdote** DE TABLE

La soupe à l'oignon du roi Stanislas

Le jeune roi Louis XV était fiancé à Marie, fille du roi de Pologne Stanislas Leszczynski. En prévision des noces, celui-ci s'était installé à Strasbourg, qu'il quitta le 22 septembre 1725 pour rejoindre sa fille et rencontrer Louis XV au château de Fontainebleau.
Le roi de France dut patienter jusqu'au 16 octobre, parce que Stanislas s'était arrêté en chemin. Du côté de Lunéville, un aubergiste lui avait servi une soupe à l'oignon qu'il avait trouvée tellement bonne qu'il resta sur place le temps d'apprendre la recette…

AU MENU
DU MOIS DE

Octobre

LE CHEF
VOUS PROPOSE

À propos de Depardieu

Mâchon Quentin Tarantino

Tablier de sapeur

Andouillettes à la lyonnaise

Jambalaya façon Eddy Mitchell

Grande berce en cueillette

Octobre du 1er au 7

Agenda gourmand

1er OCTOBRE : Journée mondiale du chocolat.

DÉBUT OCTOBRE : Vendanges de Montmartre. Journées de la Fourme à Montbrison. Fête des vendanges de Barr.

Dicton du jour

6 octobre : saint Bruno

Qui boit trop à la Saint-Bruno
déguste à la Saint-Auguste.

Une anecdote de table

Le plus petit vignoble de la terre

Le plus petit vignoble connu se trouve en Suisse : la « vigne à Farinet » – un domaine de 1 618 mètres carrés baptisé du nom du contrebandier Joseph-Samuel Farinet, le Robin des bois suisse, se trouve à Saillon, dans le Valais, et se réduit à trois ceps, qui produisent chaque année quelques décilitres de moût. Et chaque année depuis les années 1950, des personnalités du spectacle, de la politique ou du sport viennent participer aux vendanges (entre autres Tino Rossi, Roger Moore, Bernadette Chirac ou Zinedine Zidane). On assemble le moût à la cuvée d'un récoltant pour produire 1 000 bouteilles par an, vendues au profit d'associations humanitaires. L'acteur Jean-Louis Barrault fut propriétaire de ce minidomaine, qu'il légua à l'abbé Pierre. En 1999, ce dernier fit à son tour cadeau du domaine au dalaï-lama, actuel propriétaire de la vigne à Farinet…

À TABLE AVEC

Jean-Paul Belmondo

Je me souviens d'un Festival Lumière en octobre 2014. À midi, nous nous retrouvons autour d'une belle tablée : Georges Lautner, Jean-Paul Belmondo, Jean-François Stévenin, Claude Brasseur, Jean-Pierre Marielle et moi. Ils devaient tous présenter des films le soir-même, mais le déjeuner est parti en vrille… Au bout de quelques verres, Marielle déclare: «Ce soir, je vais montrer mon cul!» «Moi aussi!», enchaîne Belmondo. Je les ai ramenés à la maison pour un dernier verre… Et personne n'a pu monter sur scène ce soir-là. Le dernier mot est revenu à Christelle : Un Singe en Lumière !

La contrepèterie

DE LA SEMAINE

J'aime beaucoup votre salon des vins.

« Au travail, on fait ce qu'on peut, À table, on se force! »

La plaisante sagesse lyonnaise

À TABLE AVEC

Depardieu

Mon premier souvenir de table avec Gérard remonte à un mois d'octobre glacé, à Val-d'Isère. Il devait faire moins quinze dehors et Gérard était en chemise à manches courtes. Nous allons dîner, avec mon ami Michel Reybier, et Gérard commande du poulet, sur la carte.

– Qu'est-ce que vous voulez comme morceau dans le poulet? demande le garçon.

– Ben, le poulet.

Et Gérard s'est tapé la volaille entière, comme Obélix.

Plus tard, à Lyon, pendant le Festival Lumière, on aimait dîner dans des bouchons. Je me souviens qu'à l'apéro il trempait le lard dans le pot de moutarde, histoire de s'ouvrir l'appétit. Et le soir, il me dit: «Bon, j'ai bien bouchonné, je suis bouchonné!»

UNE **anecdote** DE TABLE

Le verre à pied

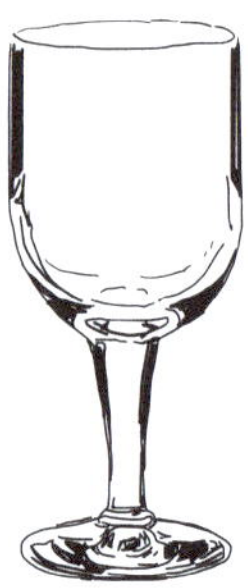

Pourquoi sert-on du vin dans des verres à pied et non dans des gobelets? Rien à voir avec le goût: les verres à pied sont apparus à la cour de Louis XIV à l'époque de l'affaire des poisons. À la table du roi, le vin étant servi en tenant le verre par le pied, il n'était pas possible d'y verser du poison de la même main. L'usage royal se répandit à la Cour, puis dans l'aristocratie du royaume.

Le jeu des expressions gourmandes

La table et ses gourmandises ont inspiré d'innombrables expressions courantes. Rendez sa définition à chacune d'elles.

S'embarquer sans biscuit	1	A	Se montrer déterminé dans ses opinions
Laisser aller le chat au fromage	2	B	Agir inconsidérément
Défendre son bifteck	3	C	Être facilement énervé
Pousser le bouchon	4	D	Céder aux avances
Monter comme une soupe au lait	5	E	Être grandement satisfait
Arriver comme un cheveu sur la soupe	6	F	Exagérer
Être ficelé comme un saucisson	7	G	Débarquer à l'improviste
Boire du petit-lait	8	H	Prendre des risques
Dîner avec le diable	9	I	Intervenir sans une discussion
Mettre son grain de sel	10	J	Être mal fagoté

Solution : 1/B, 2/D, 3/A, 4/F, 5/C, 6/G, 7/J, 8/E, 9/H, 10/I

> « J'apprécie plus le pain, le pâté, le saucisson, que les limitations de vitesse. »
>
> Jacques Chirac

Octobre du 8 au 14

Agenda gourmand

DEUXIÈME WEEK-END D'OCTOBRE :
La Courge en fête à Rians.

La contrepèterie DE LA SEMAINE

Aujourd'hui, c'est la poire à la fine!

14 OCTOBRE

Saint Fortunat
patron des gastronomes

Venance Fortunat fut l'aumônier de sainte Radegonde et finit évêque de Poitiers en 609. On peut être saint et fin gourmet puisque, entre deux hymnes dédiés à la reine Brunehaut, il composa également des poèmes dans lesquels il professait que la bonne cuisine et les bons vins permettaient d'accéder au paradis sur terre. « Il n'y a pas, écrivit-il, d'amour plus sincère que l'amour de la bonne chère. »

Un mâchon avec Tarantino

En matière de gastronomie, la tradition lyonnaise est de se mettre à table dès le matin pour un mâchon. Une tradition qui remonte aux canuts, les ouvriers qui travaillaient dans la soie. Ils se levaient très tôt et allaient manger un bout vers 8 heures du matin dans les restaurants du coin, histoire de mâcher quelque chose, d'où le nom de « mâchon ». Frédéric Dard a très bien raconté la cérémonie du mâchon :

« Lorsque le premier café a chassé le dernier sommeil et que l'avant-premier vin blanc a aiguisé le nouvel appétit, le corps et l'âme pleinement disponibles sont en idéal état de "mange". C'est l'instant du plat cuisiné, du vin fruité, de l'amitié que nulle fatigue n'affaiblit. L'heure où l'on boit doucement pour faire naître la soif sans gâcher la faim. L'heure où le soleil se lève sur les lumineux visages des Francs-Mâchons et leur dégouline dans le cœur via le gosier. Alors, à ce moment béni, capiteux, capital, les Francs-Mâchons savent que si Dieu n'existe pas, il fait en tout cas rudement bien semblant... »

C'était en octobre 2013. Quentin Tarantino avait été invité par le Festival Lumière à Lyon pour recevoir le prix Lumière. Avec Thierry Frémaux, nous l'avions entraîné pour un mâchon matinal, juste après mon émission sur RTL, en compagnie de Vincent Lindon et Guillermo del Toro. Belle tablée... Et donc nous avons attaqué avec un petit café pour nous réveiller, avant le grand jeu : tablier de sapeur, grattons lyonnais, andouillettes et saucisson chaud, le tout arrosé de pots de beaujolais. Tarantino était aux anges, il goûtait à tout en disant : « Je ne sais pas ce que je mange, mais je suis en train de le manger ! »

On était tous dans un état joyeux, c'était très sympathique et très arrosé. Guillermo del Torro a même pris une petite framboise pour faire passer. Moi, après, je suis allé me coucher, mais Tarantino, Frémaux et Del Toro avaient des conférences de presse, des films à présenter...

Un mâchon à 8 heures du matin avec Vincent Lindon, Thierry Frémaux et Quentin Tarantino, chez Georges, à Lyon.

··· LA RECETTE DU CHEF ···

Le tablier de sapeur

POUR 4 PERSONNES

- **1 kg de gras-double épais**
- **1 gousse d'ail**
- **1 oignon**
- **1 dl de vin blanc sec (mâconnais)**
- **1 citron jaune**
- **2 cuillères à soupe d'huile d'olive**
- **Une cuillère à soupe de moutarde de Dijon**
- **1 œuf**
- **250 g de panure**
- **Sel, poivre**

• 24 heures avant la cuisson, laisser mariner dans le vin blanc les morceaux de gras-double, avec la gousse d'ail coupée en petits morceaux, l'oignon grossièrement tranché, le jus du citron, une cuillère à soupe d'huile d'olive et la moutarde. Saler et poivrer.

• Avant la cuisson, égoutter les morceaux de tripes.

• Fouetter l'œuf entier avec une cuillère à soupe d'huile d'olive, une cuillère à soupe d'eau froide, du sel et du poivre, dans une assiette creuse.

• Mettre la panure dans une autre assiette creuse.

• Tremper successivement chaque morceau de tripes d'abord dans l'œuf battu puis dans la panure.

• Mettre une cuillère à soupe d'huile d'olive dans une grande poêle. Laisser frire à feu moyen les morceaux de gras-double. Ils doivent être tendres en fin de cuisson.

UNE *anecdote* DE TABLE

Le tablier du génie

Le terme « tablier de sapeur » fait référence au large tablier de cuir fauve que portaient les sapeurs du génie depuis Napoléon. Le maréchal de Castellane, gouverneur de Lyon sous Napoléon III et grand amateur de tripes, lui-même ancien sapeur, serait à l'origine de ce nom.

À TABLE AVEC

Alain Nonnet

Mon ami Alain Nonnet est le chef de l'Auberge de la Cognette, une adresse mythique qui existe au moins depuis 1835 et que Balzac décrivit dans *La Rabouilleuse*. J'y vais pour son extraordinaire sandre au citron, mais un jour d'octobre, en pleine saison des cèpes, il nous avait préparé un émincé de cèpes crus, avec juste de l'huile d'olive et du poivre. Une merveille dont je me souviendrai toujours…

Toujours bien reçu à l'Auberge de la Cognette…

> « Les seules créatures qui s'accouplent en se faisant face sont l'homme et le sandwich au pâté. »
>
> **Cavanna**

Octobre du 15 au 22

Agenda gourmand

TROISIÈME VENDREDI D'OCTOBRE : Frairie des Petits-Ventres à Limoges.

TROISIÈME WEEK-END D'OCTOBRE : Fête du ventre et de la gastronomie normande à Rouen.

20 OCTOBRE : Journée internationale des cuisiniers.

UNE *anecdote* DE TABLE

Le plus vieux vin du monde

Le 22 octobre 1953, un reportage de l'ORTF présente la découverte de la *Calypso* du commandant Cousteau : au large de l'île de Riou, près de Marseille, les plongeurs découvrent l'épave d'un navire grec coulé il y a plus de 2 000 ans. Ils en ramènent notamment plus de 7 000 amphores dont certaines sont encore intactes. Cousteau et son équipage décidèrent d'en ouvrir une, pour l'honneur de déguster le plus vieux vin du monde. Lie et poussière…

Bibliothèque gourmande

Le figeac de Pierre Desproges

Ce 16 octobre. Ce jour-là je l'emmenais déjeuner dans l'antre bordelais d'un truculent saucier qui ne sert que six tables, au fond d'une impasse endormie du 15e où j'ai mes habitudes. Je nous revois, dégustant de moelleux bolets noirs en célébrant l'automne, romantiques et graves, d'une gravité d'amants crépusculaires. Elle me regardait, pâle et sereine comme cette enfant scandinave que j'avais entrevue penchée sur la tombe de Stravinsky, par un matin froid de Venise.
J'étais au bord de dire des choses à l'eau de rose, quand le sommelier est arrivé. J'avais commandé un figeac 71, mon saint-émilion préféré, introuvable, sublime, rouge et doré comme peu de couchers de soleil. Profond comme un *la* mineur de contrebasse. Éclatant en orgasme au soleil. Plus long en bouche qu'un final de Verdi. Un vin si grand que Dieu existe à sa seule vue. Elle a mis de l'eau dedans. Je ne l'ai plus jamais aimée.

Pierre Desproges, « L'Aquaphile », *Chroniques de la haine ordinaire* (1986)

À TABLE AVEC

Pedro Almodóvar

Le 17 octobre 2014, Pedro Almodóvar avait reçu le prix Lumière, pendant le festival, à Lyon. L'occasion pour lui de tourner un court remake du premier film de l'histoire du cinéma, *La Sortie de l'usine Lumière à Lyon.* Nous étions allés dîner avec toute une tablée, dont Thierry Frémaux et Sidonie Dumas, la directrice de Gaumont. Ce qui me rappela la chanson de Brigitte Bardot «Sidonie a plus d'un amant». Étonnamment, Almodóvar connaissait cette chanson, et nous l'avons joyeusement entonnée de conserve: «Sidonie a plus d'un amant / C'est une chose bien connue / Qu'elle avoue fièrement / Sidonie a plus d'un amant!»

La contrepèterie DE LA SEMAINE

De la croûte à pâté.

Les andouillettes à la lyonnaise

POUR 4 PERSONNES

- 4 andouillettes
- 5 échalotes émincées
- 1 oignon blanc
- 20 cl de vin blanc
- 1 tasse de chapelure
- Quelques brins de persil
- Crème fraîche
- Moutarde
- Sel, poivre

• Piquer les andouillettes à l'aide d'une fourchette.

• Émincer les échalotes et l'oignon, puis les disposer dans un plat allant au four. Mettre les andouillettes dessus et verser le vin blanc. Saupoudrer de chapelure (la moitié de la tasse).

• Enfourner pour 30 minutes à 180 °C. Ajouter du vin blanc si nécessaire.

• À la sortie du four, mettre le reste de la chapelure et servir chaud.

• Disposer persil et échalotes autour du plat.

• Accompagner ce plat d'une sauce à la moutarde: mélanger crème fraîche, moutarde, Sel, poivre, et faire cuire dans le plat de cuisson, avec le fond d'échalotes et de vin blanc.

> **Le chat est comme la sauce bolognaise, il retombe toujours sur ses pâtes.**
>
> **Philippe Geluck**

Agenda gourmand

TROISIÈME WEEK-END D'OCTOBRE :
Fête du piment d'Espelette.

26 OCTOBRE :
Journée mondiale des pâtes.

du 23 au 31 **Octobre**

Dicton du jour

29 octobre: saint Narcisse

Blinis à la Saint-Narcisse, tarama à la Sainte-Irma.

Le jambalaya d'Eddy

Fin octobre 2006, Eddy Mitchell avait sorti son album *Jambalaya,* un disque très country, notamment la chanson-titre, un morceau de Hank Williams évoquant donc le jambalaya, une recette traditionnelle de La Nouvelle-Orléans qui ressemble à une paella, à base de poulet, de crevettes et de riz – dont il donne d'ailleurs la composition à la fin de la chanson.

Nous avions enregistré une émission ensemble, et quand nous nous retrouvons dans les loges, je lui demande s'il a déjà goûté ce fameux jambalaya.

– Aaah oui, c'est très bon !

– Eh bien, tiens, dit sa femme, Muriel. Venez à la maison, je vais vous en préparer un !

Cela m'a mis en joie, non seulement à la perspective d'un bon moment, mais aussi parce que je ne connaissais pas et que j'adore découvrir de nouveaux plats. Le jour du dîner, j'appelle Eddy et je tombe sur son répondeur. Pour déconner, je laisse un message en prenant la voix de Johnny – qui avait enregistré un duo avec lui, « On veut des légendes », sur le disque :

– Eh ben ! Il paraît qu'il y a un jambalaya et je ne suis pas invité ?

Eddy m'a dit qu'il avait rappelé Johnny en lui disant : « Mais si tu peux venir quand tu veux ! » Johnny n'avait pas pu être là, mais le dîner fut mémorable, le jambalaya de Mumu était extraordinaire, et le digestif exceptionnel. Eddy avait sorti un armagnac de 1914.

– Il t'attendait, celui-là...

Comme disait Eddy, quand je suis reparti, ce soir-là, « ça tortillait un peu ».

Mes cueillettes

La grande berce

J'ai tellement de souvenirs de mon grand-père, et pourtant je l'ai perdu tôt. Quand on partait en balade, en montagne ou en forêt, il me faisait tout sentir, les plantes, les fleurs, les écorces... Et ce sont des odeurs qui me restent, des décennies plus tard. Je pense qu'on n'entretient plus notre mémoire olfactive, qui pourtant existe bien. J'ai d'une certaine façon retrouvé cette relation avec le cuisinier Marc Veyrat, qui est un puits de science sans fond en ce qui concerne les plantes sauvages. C'est lui, par exemple, qui m'a fait découvrir la grande berce, une ombellifère qui pousse aux lisières des bois ou des haies, sur les bords de route, dans les fossés. C'est une plante entièrement comestible, des fleurs aux racines. En automne, on peut les cueillir et les faire cuire pour obtenir une épice au goût de ginseng. Les fruits et les jeunes tiges se récoltent en revanche au printemps et se mangent crues, avec un goût de mandarine et de noix de coco.
Ce goût d'agrume m'avait donné l'idée d'en faire de la gnole. J'en avais fait macérer dans de la vodka, en utilisant la même recette que pour le génépi. Parce qu'en fait la graine a le goût de mandarine. Ça sent la mandarine et la noix de coco. Lorsque j'en ai parlé à Marc Veyrat, il m'a conseillé à l'avenir de ne pas faire macérer les plantes dans l'alcool, mais simplement de les suspendre au-dessus...

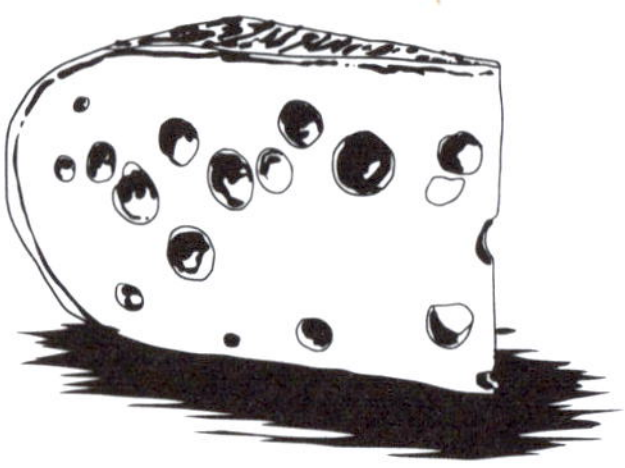

« Comment voulez-vous gouverner un pays où il existe 258 variétés de fromage? »

Charles de Gaulle

La contrepèterie DE LA SEMAINE

Madame ne dédaigne pas un coup de blanc au goulot.

UNE anecdote DE TABLE — Al Capone et la date de péremption

Le 24 octobre 1929, l'Amérique entre dans une crise économique qui va toucher le monde entier et plonger dans la misère les plus démunis. Notamment à Chicago, ville sur laquelle règne le parrain de la Mafia Al Capone. Après avoir fait enlever le président du syndicat du lait pour lui faire une offre qu'il ne pouvait pas refuser, il oblige les laitiers à offrir chaque jour des milliers de bouteilles aux paroisses italo-américaines. Mais bientôt les prêtres viennent se plaindre : le lait qu'on leur livre est tourné. Furieux, Al Capone contraint alors la profession à indiquer sur chaque bouteille une date de péremption. La pratique est restée.

AU MENU
DU MOIS DE

Novembre

LE CHEF
VOUS PROPOSE

Poulet à la ficelle façon Dumas

À propos de Michel Drucker

Grattons lyonnais

Sauce du marquis de Béchameil

Le kiviak

Novembre du 1er au 7

Agenda gourmand

DÉBUT NOVEMBRE : Foire gastronomique de Dijon. Salon des vins de terroir et produits régionaux de Seclin. Foire à l'andouille de Vire.

5 NOVEMBRE : Journée mondiale des hommes en cuisine.

Dicton du jour

6 novembre: saint Léonard

Couteau ébréché à la Saint-Léonard devint scie.

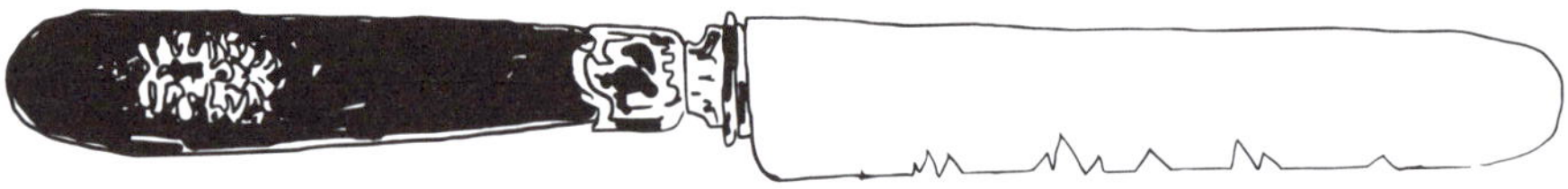

Une anecdote de table

Aux origines de la choucroute

Si le terme « choucroute » vient de l'allemand *Sauerkraut* (« chou aigre »), ce ne sont ni nos voisins ni les Alsaciens qui ont inventé ce plat emblématique, mais les Chinois, au IIIe siècle avant J.-C., lors de la construction de la Grande Muraille. Ce seraient Attila et ses Huns qui auraient importé cette préparation lors de leurs invasions de l'Europe de l'Est, vers 450.

Bibliothèque gourmande

Le poulet à la ficelle d'Alexandre Dumas

Faire rôtir un poulet. Pardieu! C'est bien simple, me direz-vous, surtout avec nos cuisinières économiques. Vous mettez votre poulet dans un plat, sur une couche de beurre, vous glissez le plat dans votre four et, de temps en temps, vous arrosez le poulet. «Pouah! Ne causons pas ensemble, s'il vous plaît, ce serait du temps de perdu. Un rôti au four! C'est bon pour des Esquimaux, des Hottentots et des Arabes!
– Alors à la broche, soit à la broche du tourniquet, soit dans une cuisinière avec une coquille dedans...
– C'est déjà mieux! Mais ne vous fâchez pas si je vous dis que c'est l'enfance de l'art que vous pratiquez là!
– L'enfance de l'art?
– Eh oui! Savez-vous combien vous faites de trous à votre poulet, en le faisant cuire de cette façon? Quatre: deux horizontalement et deux verticalement. Eh bien, c'est trois de trop!»
Ah! Vous commencez à réfléchir, n'est-ce pas, chers lecteurs... vous vous dites: «Eh! mais il pourrait avoir raison: plus le poulet a de trous, plus il perd du jus... Et le jus du poulet, une fois tombé dans la lèchefrite, n'est plus bon qu'à faire des épinards: encore pour les susdits épinards, la graisse de caille vaut-elle mieux... Pas de broches, mes enfants, pas de brochettes! Une simple ficelle! Écoutez bien ceci: tout animal a deux orifices, n'est-ce pas? Un supérieur, un inférieur. C'est incontesté.
Vous prenez votre poulet, vous lui faites rentrer la tête entre les deux clavicules de manière à ce qu'elle pénètre dans les cavités de l'estomac (méthode belge), vous recousez la peau du cou de manière à fermer hermétiquement les blessures de poitrine. Vous retournez votre poulet, vous faites rentrer dans son orifice inférieur le foie; vous introduisez avec le foie un petit oignon et un morceau de beurre manié de Sel, poivre, et, devant un bon feu de bois, vous pendez votre poulet par les pattes à une simple ficelle que vous faites tourner comme sainte Geneviève faisait tourner son fuseau. Puis vous versez dans votre lèchefrite gros comme un œuf de beurre frais et une tasse à café de crème.
Enfin, avec ce beurre et cette crème mêlés ensemble, vous arrosez votre poulet, en ayant soin de lui introduire le plus que vous pourrez de ce mélange dans l'orifice inférieur. Vous comprenez bien qu'il n'y a pas à discuter la supériorité d'une pareille méthode.

Alexandre Dumas, *Grand dictionnaire de cuisine* (1873)

50 étoiles pour mes 50 ans

Pour mes 50 ans, j'avais depuis longtemps un rêve de gourmand : parcourir la France des grandes tables jusqu'à totaliser au bout de l'année 50 étoiles... sans jamais aller déjeuner ou dîner deux fois à la même adresse. Je commence par Georges Blanc et ses trois étoiles, suivi, entre autres, par Guy Savoy, L'Ambroisie, Bocuse, Ducasse, Orsi, Chabran, Rostang, Loubet, Taillevent, Troisgros... et à la veille de mon anniversaire, le 29 décembre, il me manque deux étoiles. J'appelle mon ami Mathieu Viannay, qui a repris le fameux restaurant de la Mère Brazier. Et c'est chez lui, à Lyon, que j'ai dégusté un menu deux étoiles qui bouclait en beauté mon « challenge ».

Avec Édouard Loubet, durant notre périple gourmand.

La contrepèterie DE LA SEMAINE

Pour Halloween, un collier de citrouilles autour du cou!

Agenda gourmand

Salon de la gastronomie de Bourg-en-Bresse.

Bibliothèque gourmande

Boire est le propre de l'homme

Panurge ayant la gueule bée, Bacbuc prit le livre d'argent; nous pensions que ce fût véritablement un livre à cause de sa forme qui était comme d'un bréviaire; mais c'était un vénéré, vrai et naturel flacon, plein de vin de Falerne, lequel elle fit tout avaler à Panurge.

- Voici, dit Panurge, un notable chapitre et une glose fort authentique. Est-ce tout ce que voulait dire la bouteille?

- Rien de plus, répondit Bacbuc, car TRINCH est le mot dicté à tous les oracles, célébré et entendu de toutes nations, et nous signifie «Buvez!...

Non rire, mais boire est le propre de l'homme: je ne dis boire simplement et absolument, car aussi bien boivent les bêtes, je dis boire vin bon et frais. Notez, amis, que de vin, divin on devient, et n'y a argument aussi sûr, ni art de divination moins fallacieux. Vin, *oinos* en grec, signifie force, puissance, car il a le pouvoir d'emplir l'âme de toute vérité, tout savoir et philosophie. Si vous avez noté ce qui est écrit en lettres ioniques à la porte du temple, vous avez pu entendre qu'en vin est vérité cachée. La Dive Bouteille vous y envoie. Soyez vous-mêmes interprètes de votre entreprise. Ainsi parle Bacbuc.

– Il n'est pas possible, dit Pantagruel, de mieux dire que ne fait cette vénérable prêtresse. Trinque donc.

– Trinquons, dit Panurge.

François Rabelais, *Le Cinquième Livre* (1564)

Dicton du jour

13 novembre: saint Brice

À la Saint-Brice, fais des saucisses.

UNE **anecdote** DE TABLE

Boire à tire-larigot… ou à tire-la-rigault

L'expression est synonyme de quantité, qu'il s'agisse de boire ou de construire des immeubles. Elle pourrait venir du mot « tirer », signifiant extraire un liquide d'un fût, et de « larigot », le nom d'une petite flûte, à la fois instrument de musique et verre effilé.

Autre version plus imagée : au XIIe siècle, l'évêque Odon Rigault fit don d'une cloche imposante à la ville de Rouen. La cloche, surnommée « la Rigault », nécessitait de la part des sonneurs de puissants efforts afin de l'actionner, tant elle était pesante. Normal, donc, que « tirer la Rigault » donne soif.

À TABLE AVEC

Cabrel (ou presque)

En tournée, j'essaie toujours de manger régional. Cassoulet à Toulouse, crêpes en Bretagne et, forcément, choucroute en Alsace. Nous étions chez Yvonne, une *winstub* célèbre de Strasbourg où, soit dit en passant, Jacques Chirac avait ses habitudes. C'est là qu'il avait retrouvé le chancelier Helmut Kohl, au lendemain de son investiture, autour d'un solide gueuleton: escargots, *Presskopf* (un genre de fromage de tête), cervelas, tête de veau et tarte aux quetsches.

Avec mon équipe, nous nous étions contentés d'une bonne choucroute et le dîner était bien avancé lorsque je vois s'installer Francis Cabrel, entouré de quelques amis. Sans doute devait-il jouer dans la région le même soir. Cabrel était l'une de mes têtes de Turc de l'époque – notamment avec «Ma cabane au fond du jardin» – mais je ne l'avais jamais rencontré. Je vais donc le saluer, en me présentant.
– Toi, je te coônnais, me dit-il. Mais j'écoute pas la raâdio.

La contrepèterie

DE LA SEMAINE

Madame a fait goûter sa lotte aux marrons.

> **Ah, les Français, ça voyage mal, c'est comme le camembert!**
>
> Claude Zidi

Novembre du 15 au 22

Agenda gourmand

TROISIÈME WEEK-END DE NOVEMBRE : Foire aux harengs et à la coquille Saint-Jacques de Dieppe.

TROISIÈME JEUDI DE NOVEMBRE : Le beaujolais nouveau.

UNE *anecdote* DE TABLE

L'invention du chanoine Kir…

… n'en est pas une. Le mélange bourgogne aligoté-cassis également nommé « rince-cochon », existait bien avant que le truculent Félix Kir, chanoine honoraire de Dijon, résistant et député-maire de Dijon, donne son nom à cet apéritif populaire. On dit qu'il avait coutume de venir à l'Assemblée avec un panier contenant des bouteilles de blanc et de liqueur de cassis et d'en régaler ses collègues. À l'un d'eux, député communiste qui le brocardait sur sa croyance en Dieu que pourtant il n'avait jamais vu, il répondit :
« Et mon cul, tu ne l'as jamais vu et pourtant il existe ! »

Il accepta en 1952 que son nom soit utilisé exclusivement par la maison Lejay Lagoute, fabricant de crème de cassis.

> « Le vin est senti par la nation française comme un bien qui lui est propre, au même titre que ses 360 espèces de fromages et sa culture. C'est une boisson-totem, correspondant au lait de la vache hollandaise ou au thé absorbé cérémonieusement par la famille royale anglaise. »
>
> Roland Barthes

À TABLE AVEC

Michel Drucker

Michel est assez gourmand, mais il fait super attention. Heureusement, avec moi, il se lâche un peu… Après avoir eu son problème de santé, il m'a dit: «Tu vois, j'ai mangé des carottes râpées pendant des années, j'ai bu de l'eau… Eh bien en fait c'est Depardieu qui avait raison.» Il était venu présenter son one-man-show au festival C'est l'printemps à Val-Cenis, que j'organise chez moi, en haute Maurienne. Le soir, après le spectacle, c'était une tisane et au lit. Le lendemain, j'avoue avoir cédé à la tentation de corser un peu son infusion, avec un bon trait de génépi. Il,dormait chez moi, au chalet, il n'y avait pas de risque. Michel trempe ses lèvres et: «Oh, elle est bonne cette tisane! Tiens, ressers-moi une tasse.»

Bibliothèque gourmande

Le beaujolais nouveau est arrivé

Ce saint vivant, ignoré des calendriers officiels, était plus célébré, honoré que ceux, desséchés, fossiles, qui y figuraient dans l'indifférence générale. Saint Beaujolais nouveau, saint de Paix, éclipsait saint Albert, peu après l'armistice de 1918. On le priait, mais seulement de se montrer aussi gouleyant, ou davantage, que celui de l'année dernière, on ne lui demandait que d'exister, de passer une fleur au bec, ou un refrain, et surtout de revenir l'année prochaine…

René Fallet, *Le beaujolais nouveau est arrivé* (1975)

Déjeuner de fin de saison RTL chez Léon de Lyon, avec Yves Calvi, Jade, Stéphane Rose, Christelle (une vraie Lyonnaise !), Éric Laverdin, Jérôme de Verdière, Pascal Fioretto et votre serviteur.

LEON DE LYON

Le jeu des cocktails

Retrouvez le nom de chacun de ces **cocktails à base de vin.**

Kir **1**
Blanc limé **2**
Soupe angevine **3**
Jacqueline **4**
Cardinal **5**
Sangria **6**
Coucher de soleil **7**

A Vin blanc mousseux, jus de citron, sucre de canne, Grand Marnier
B Vin blanc, cassis
C Vin rouge, cassis
D Vin rouge, rhum, limonade, cannelle, oranges, sucre
E Vin blanc, limonade
F Vin blanc, limonade, grenadine
G Vin rosé, sirop d'orange, cognac, sucre de canne

Solution : 1/B, 2/E, 3/A, 4/F, 5/C, 6/D, 7/G

La contrepèterie
DE LA SEMAINE

Certaines femmes ne dédaignent pas un pommard bien chambré.

“ Il y a plus de philosophie dans une bouteille de vin que dans tous les livres. ” Louis Pasteur

du 23 au 30 Novembre

Agenda gourmand

Salon gastronomie et vins d'Orléans.

La contrepèterie DE LA SEMAINE

Madame demande de jolies tranches dans le mou.

30 NOVEMBRE

Saint André

patron des poissonniers

André, frère de Simon-Pierre, était un pêcheur de Galilée et fut le premier disciple de Jésus. C'est lui qui apporta les pains et les poissons qui furent miraculeusement multipliés, ce qui en fait naturellement le patron des poissonniers.

UNE anecdote DE TABLE

La sauce du marquis de Béchameil

En 1671, Louis Béchameil, marquis de Nointel, déjeune à la table du marquis d'Uxelles, dont le cuisinier est le fameux François Pierre de la Varenne, l'un des plus grands noms de notre histoire gastronomique. Béchameil l'ayant complimenté pour ses émincés de blancs de volaille à la crème, le grand cuisinier lui dédia sa sauce. Quelques années plus tard, en 1700, le marquis – ou son cuisinier – aboutit à une version remaniée de la sauce blanche, qui prit dès lors le nom de « béchamel » (sans « i »).

··· LA RECETTE DU CHEF ···

Les grattons lyonnais

POUR 4 PERSONNES

- **1 kg de couenne de porc**
- **1 cuillère à soupe d'huile**
- **1 cuillère à soupe de gros sel**

- Couper la couenne en morceaux moyens à gros.
- Faire cuire les morceaux dans une grande sauteuse à feu doux durant 3 à 4 heures, avec l'huile.
- À mi-cuisson, ajouter le gros sel.
- Laisser égoutter les grattons et les faire sécher pendant une nuit avant de les manger.

Surnommés les «cacahuètes lyonnaises», les grattons se mangent froids et bien croquants, à l'apéritif...

> **“ Avec un saucisson à l'ail, on se sent moins seul. ”**
>
> **Paul Claudel**

UNE **anecdote** DE TABLE

Le *kiviak*

Je mange de tout et j'adore goûter des nouveaux plats, mais il y en a quand même qui peuvent faire hésiter. Le *kiviak* est une recette traditionnelle du Groenland, à réserver quand même aux hivers de grande pénurie sur la banquise: vous évidez entièrement un phoque, que vous farcissez de quelques centaines de mergules – des oiseaux polaires ressemblant à des macareux –, que vous laissez entiers, avec tête, plumes et pattes. Vous cousez le tout en appuyant fort pour vider la carcasse de phoque de son air et vous laissez fermenter durant sept mois, sous une grosse pierre.
Au bout de ce laps de temps, on consomme les mergules fermentés après les avoir plumés.

« **Une vigne ne donne toute son âme qu'aux gens de son village. Elle veut des mains qui l'aiment d'amour. Quand je suis devant un vin parfait, je sais qu'aux vertus du terroir chaque vigneron, en soignant chaque cep, a ajouté sa tendresse attentive, sa patience jamais lassée. Un grand vin n'est pas qu'un bon liquide; pour moi, il n'est même pas une boisson: il est un humanisme. Il est la vie du vigneron dans sa vigne.**

M. César, œnologue bourguignon, cité par Fanny Deschamps dans *Croque-en-bouche* (1976) »

Bibliothèque gourmande

Éloges des bonnes manières

La gaieté est de mise, à table, mais non l'effronterie. Ne t'assois pas sans t'être lavé les mains, nettoie avec soin tes ongles, de peur qu'il n'y reste quelque ordure et qu'on ne te surnomme *aux doigts sales.* Aie soin de lâcher ton urine à l'écart, et, si besoin est, de te soulager le ventre. Si, par hasard, tu te trouves trop serré, il est à propos de relâcher ta ceinture, ce qui serait peu convenable, une fois assis. En essuyant tes mains, chasse aussi de ton esprit toute idée chagrine, dans un repas, il ne faut ni paraître triste ni attrister personne.
Lécher ses doigts gras ou les essuyer sur ses habits est également inconvenant; il faut mieux se servir de la nappe ou de sa serviette.
Érasme (1469-1536)

AU MENU
DU MOIS DE

Décembre

LE CHEF
VOUS PROPOSE

À propos de Jean d'Ormesson

Poulet à la crème façon grand-mère

Cavage de truffes

Lapin au riz façon grand-mère

Lotte du Père Noël

Vin chaud, rouge ou blanc

Blanquette de Gervaise

Décembre du 1ER au 7

Agenda gourmand

DÉBUT DÉCEMBRE : Foire aux dindes de Marcigny. Cabanes en fête, huîtres et Entre-Deux-Mers à Andernos-les-Bains, bassin d'Arcachon. Foire de la châtaigne à Bocognano.

Dicton du jour

9 décembre: saint Nectaire

À la Saint-Nectaire, fromage et dessert!

UNE anecdote DE TABLE

Bocuse au Japon

Paul Bocuse, le « cuisinier du siècle » formé par la mère Brazier puis par Fernand Point, récompensé par trois étoiles au Michelin pour son Auberge du Pont de Collonges et célébré par le monde entier, était allé donner des cours de cuisine au Japon, à Osaka. Pour son premier cours, il commence à détailler la recette du bœuf bourguignon selon son inspiration, mais un apprenti l'interrompt, en brandissant *Le Guide culinaire* d'Auguste Escoffier et en le reprenant sur les proportions qu'il avait indiquées.

« Je vois que vous êtes trop forts pour moi, dit Bocuse. Alors plutôt que de cuisiner le bœuf, vous allez peindre une rose. Je vais vous donner à chacun un pinceau et trois tubes de couleur, un rouge, un vert et un blanc. Vous êtes quatre cents. Vous croyez que vous allez me peindre quatre cents roses identiques ? »

Telle fut la première leçon de cuisine que reçurent les apprentis cuisiniers d'Osaka, un art fluctuant, qui dépend beaucoup de l'humeur de l'artiste.

À TABLE AVEC

Jean d'Ormesson

En décembre, j'ai longtemps bouclé mes saisons à l'Olympia, ce qui est toujours un moment particulier avec le public, mais aussi l'occasion de boire un coup en coulisses ou de dîner avec ceux qui nous font l'amitié de venir nous voir. Ce cher Jean d'Ormesson, un écrivain que j'admire et un personnage délicieux, était également un bon vivant. Après un Olympia, nous étions allés dîner dans une brasserie parisienne, chez Flottes. D'habitude, avec l'équipe, on se retrouvait plutôt dans les restaurants auvergnats du coin autour d'un aligot aux saucisses, mais pour Jean nous avons opté pour un plateau de fruits de mer et quelques bouteilles de blanc. Nous avons parlé de littérature et de gastronomie, et l'image de Jean, de son regard pétillant et de son plaisir d'être là, à déguster ses fruits de mer, reste gravé dans mon esprit. Il répétait sans cesse: «C'est épatant, c'est épatant!»

La contrepèterie DE LA SEMAINE

Madame n'arrête jamais de mastiquer, la sotte!

6 DÉCEMBRE

Saint Nicolas

patron des bouchers

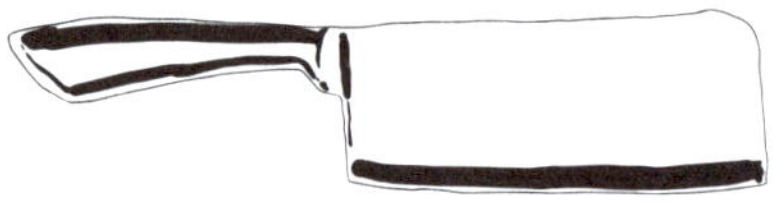

Dans l'est et le nord de la France, ainsi qu'en Belgique, saint Nicolas était, il n'y a pas si longtemps, aussi fêté que le Père Noël. Selon la légende, trois enfants perdus furent recueillis par le boucher Pierre Lenoir (Peter Schwartz en Allemagne), qui les tua durant leur sommeil, les découpa en morceaux et les plaça dans son saloir, pour en faire du petit salé. L'évêque Nicolas de Myre (IIIe siècle) se présenta quelques jours plus tard à la porte du boucher, qui l'invita à dîner. Saint Nicolas lui demanda de lui servir du petit salé. Comprenant qu'il était démasqué, celui-ci avoua son crime.

Saint Nicolas ressuscita les trois enfants et enchaîna à son âne le boucher, qui devint le Père Fouettard.

Et pourtant, les bouchers ont choisi saint Nicolas comme saint patron.

LES RECETTES DE

ma grand-mère

Le poulet à la crème

POUR 4 PERSONNES

- 1 poulet
- 1 gros oignon
- 1 feuille de laurier
- 1 brin de thym
- 1/2 cuillère à soupe de farine
- 1/2 verre de vin blanc
- 1 ou 2 œufs
- 3/4 l de crème
- Sel, poivre

- Découper le poulet, le faire bien roussir dans une casserole avec l'oignon émincé, saler et poivrer.
- Ajouter le laurier et le thym.
- Couvrir et laisser mijoter une demi-heure.
- Dans un coin de la casserole, mélanger la farine avec un verre d'eau.
- Ajouter le vin blanc.
- Laisser cuire encore une demi-heure.
- Avant de servir, mélanger un ou deux jaunes d'œufs à la crème.
- Arroser le poulet et laisser chauffer doucement.

C'est la grande spécialité de Georges Blanc, mais c'était la tradition dans les familles bressanes. Ma mère préparait le poulet à la crème, avec un œuf à la fin, et en ajoutant aussi du vin jaune et des morilles que j'allais chercher.

> « Rien ne fait voir l'avenir couleur de rose comme de le contempler à travers un verre de chambertin. »
>
> Alexandre Dumas

Décembre du 8 au 14

Agenda gourmand

MI-DÉCEMBRE : Les Glorieuses de Bresse, à Montrevel-en-Bresse, Bourg-en-Bresse, Louhans et Pont-de-Vaux. Salon vin et gastronomie à Cherbourg.

Bibliothèque gourmande

L'image brillante

Il faut se rendre à ce palais magique
Où les beaux vers, la danse et la musique,
L'art de tromper les yeux par les couleurs
L'art plus heureux de séduire les cœurs,
De cent plaisirs font un plaisir unique.
Il va siffler quelque opéra nouveau,
Ou, malgré lui, court admirer Rameau.
Allons souper. Que ces brillants services,
Que ces ragoûts ont pour moi de délices!
Qu'un cuisinier est un mortel divin!
Chloris, Églé, me versant de leur main
D'un vin d'Aï dont la mousse pressée,
De la bouteille avec force élancée,
Comme un éclair fait voler le bouchon;
Il part, on rit; il frappe le plafond.
De ce vin frais l'écume pétillante
De nos Français est l'image brillante.
Le lendemain donne d'autres désirs,
D'autres soupers et de nouveaux plaisirs.

Voltaire, *Le Mondain* (1736)

La contrepèterie
DE LA SEMAINE

Votre jarre sent le soda.

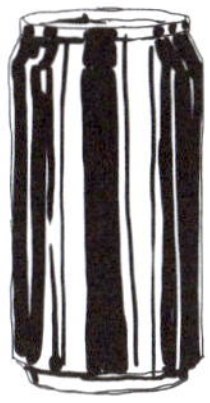

Scène culte

LE MENU DE LINO VENTURA DANS *LES BARBOUZES*

De Georges Lautner (1964), dialogues de Michel Audiard, avec Lino Ventura, Francis Blanche, Bernard Blier... Sorti le 10 décembre 1964.

La serveuse : Aujourd'hui, nous avons le plat de côtes, ou les paupiettes, ou le civet de lapin.

Francis Lagneau : Ah, ben vous allez me mettre des paupiettes en ouverture, et pis un plat de côtes, hein... Non, non, attendez, mettez-moi d'abord un civet, au lieu des paupiettes, hein, et puis... mon plat de côtes après quoi... et puis, glissez-moi une p'tite paupiette avec, quoi, hein ?

Le colonel : Vous prendrez bien un petit dessert ?

Francis Lagneau : Ouais... Vous avez des tartelettes ?

> « L'homme a toujours besoin de manger et de se reproduire, et dans les deux cas il faut passer à la casserole. »
>
> Paul Bocuse

Le cavage des truffes avec Michel Chabran

En décembre, c'est la saison de la récolte des truffes, qu'on appelle « cavage » ou « chavage », dans le Sud. Nous étions dans son coin, vers Pont-de-l'Isère, avec un ancien militaire qui avait des truffiers, de petits chiens habitués à l'odeur de la truffe et dressés à aller les chercher. Il faut les voir travailler, tout fiers ! C'est super beau à voir... Avec Michel, nous ramassions les truffes, et il nous en faisait une omelette dans la foulée. Un grand moment !

Quand on fait travailler des chiens truffiers, il faut toujours leur donner une récompense lorsqu'ils dénichent une truffe, sinon ils se récompensent eux-mêmes en la croquant. Les chiens sont à la fois plus sympas et plus pratiques que les cochons, qui sont cependant plus efficaces. Mais un cochon de 200 ou 300 kilos, une fois qu'il a trouvé une truffe, ce n'est pas évident de l'empêcher de la dévorer !

Dans le Var, on repère les truffes grâce à une espèce particulière de mouche de grande taille, qui tourne autour des chênes truffiers. Les femelles pondent leurs œufs exactement à l'aplomb d'une truffe. On les fait s'envoler en agitant doucement un bâton dans les herbes, et on observe : si elles reviennent se poser exactement au même endroit, on peut creuser pour chercher la truffe. Mais bon : il faut avoir du temps à perdre.

Agenda gourmand

MI-DÉCEMBRE : Les Habits de lumière à Épernay.

Bibliothèque gourmande

L'image brillante

Je veux que la mort me frappe
Au milieu d'un grand repas;
Qu'on m'enterre sous la nappe
Entre quatre larges plats,
Et que sur ma tombe on mette
Cette courte inscription:
«Ci-gît le premier poète
Mort d'une indigestion».

Marc-Antoine Désaugiers (1772-1827)

Une anecdote de table

Un soir de dernière

Le 13 décembre 2016, soir de la dernière à Lyon, mon ami Thierry Frémaux monte sur scène pour me faire une surprise : « Lyon n'est pas seulement la capitale du cinéma, annonce-t-il, mais aussi et surtout celle de la gastronomie ! » et là arrivent sur scène une soixantaine de chefs comme Mathieu Viannay, Christophe Marguin ou Pierre Orsi, ainsi que des personnalités du Lyon gastronomique, comme la charcutière Colette Sibilla. Et comme ils étaient venus les bras chargés de pâtés en croûte, huîtres, charcuteries et fromages, la soirée s'est bien terminée !

LES RECETTES DE

ma grand-mère

Le lapin au riz

POUR 4 PERSONNES

- 1 gros lapin
- 900 g de carottes
- Huile d'olive
- 2 oignons ou échalotes
- 1 petite boîte de concentré de tomates
- Poivre de Cayenne, 4 épices, sarriette, basilic
- 1 bonne livre de riz
- 1 boîte de petits pois extra-fins
- Sel, poivre

Pour le bouillon :

- Ail, oignons, thym, laurier, persil, estragon

• Faire roussir les carottes coupées en morceaux dans l'huile d'olive.

• Faire roussir dans une autre casserole, à l'huile d'olive également, le lapin coupé en morceaux avec deux oignons ou échalotes.

• Quand il est bien roussi, saler, poivrer, et laisser mijoter environ une demi-heure.

• Pendant ce temps, préparer un bouillon avec ail, oignons, thym, laurier, persil, estragon.

• Récupérer une partie du jus de lapin, que l'on gardera pour faire roussir le riz.

• Dans la casserole du lapin, ajouter une petite boîte de concentré de tomates, les carottes et une partie du bouillon.

• Laisser cuire une heure environ, avec assaisonnements divers: poivre, sel, poivre de Cayenne, 4 épices, sarriette, basilic.

• Faire roussir le riz au jus de lapin, puis ajouter le reste du bouillon.

• Laisser cuire une dizaine de minutes puis mélanger au lapin.

• Laisser cuire à nouveau 10 minutes et, juste avant de servir, ajouter une boîte de petits pois (le temps de chauffer).

C'est une recette qui vient d'un Espagnol qui habitait le village, et qu'il préparait un peu comme une paella, sans les fruits de mer. Pour nous, c'était un plat de fête!

UNE **anecdote** DE TABLE

Une petite coupe ?

Je n'adore pas le champagne, mais c'est le vin de fête par excellence. Même si la flûte conserve plus longtemps les bulles, on le sert traditionnellement dans une coupe. Selon la légende, la forme du verre aurait été moulée sur le sein d'une reine… Mais laquelle ? Prétendantes au titre : Marie-Antoinette, Diane de Poitiers, Joséphine de Beauharnais ou encore Mme de Pompadour, Mme du Barry ou, tant qu'à faire, Hélène de Troie.
La seule trace historique d'un quelconque moulage de sein royal est celle de la création par le directeur de la Manufacture de Sèvres, Jean-Jacques Lagrenée, de la jatte-téton, appelée également « bol-sein », un bol en porcelaine blanche se terminant par un téton faisant partie d'un service d'inspiration étrusque créé pour Marie-Antoinette. Celle-ci aurait, dit-on, servi de modèle…

> Je préférerais de loin manger des pâtes et boire du vin que d'être une taille zéro.
>
> Sophia Loren

La contrepèterie DE LA SEMAINE

J'ai fait de l'escalope avec une salade.

Bibliothèque gourmande

Bocuse le fakir

Le cuisinier français qui débarque à l'étranger est accueilli comme un fakir.
En Amérique, une année où j'allais présenter des beaujolais, on me fit tourner dans toutes les villes. Eh bien, dans chaque ville s'est répétée la même comédie: bonjour, champagne, applaudissements et les premiers cris: «Faites-nous un plat français!»
Le fakir est là, la magie doit avoir lieu. Que tu n'aies pas la France pour faire ton petit marché avant, ils s'en foutent. Ils t'emmènent au super-truc du coin, où tu ne trouves pas la queue d'un radis frais. Rien que du sous-plastique pour humanité stérilisée. Un soir, à Los Angeles, j'avais fini par dégotter de la viande hachée chez un boucher – il n'avait que ça. Dans une épicerie de luxe, j'ai trouvé des champignons, des oignons et du persil. Alors, en rajoutant du beurre, des œufs et mon beaujolais, j'ai fait des hamburgers... à la bordelaise.
Mes hôtes étaient aux anges. L'illusionniste avait bien travaillé.

Fanny Deschamps, *Croque-en-bouche* (1976)

UNE **anecdote** DE TABLE

Le vin chaud

La première recette remonte à l'Empire romain, où l'on faisait bouillir du vin avec du miel, des épices et des dattes.
Le mieux, évidemment, est d'éviter de faire bouillir le vin, mais de réchauffer doucement un vin rouge bien charpenté (côtes-du-rhône ou beaujolais), avec de la cannelle, de l'anis étoilé, des clous de girofle, une pincée de noix de muscade râpée, des tranches d'orange et du sucre.
Vous pouvez aussi tenter le vin chaud à l'alsacienne avec du riesling réchauffé avec de la cannelle, du sucre et des tranches d'orange et de citron.

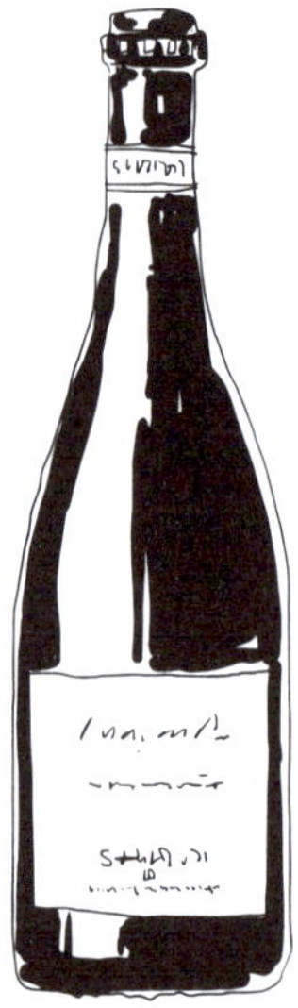

du 23 au 31 **Décembre**

Agenda gourmand

Entre Noël et la Saint-Sylvestre, c'est chez vous que ça se passe !

31 décembre : saint Sylvestre
Réveillon à l'Olympia

J'ai souvent eu la chance et l'honneur d'être à l'affiche de l'Olympia durant les fêtes de fin d'année. À Noël ou le 31 décembre, après le spectacle, nous avions l'habitude de réveillonner avec l'équipe, les techniciens et le personnel de la salle. On buvait un coup au bar de Marylin – un espace réservé aux artistes, sous la scène –, puis on dînait entre nous. C'était toujours une ambiance assez particulière et sympa. Huîtres, foie gras, c'était un peu devenu une tradition.

> « Je bois seulement du champagne à deux occasions. Quand je suis amoureuse et quand je ne le suis pas. »
> Coco Chanel

Scène culte

LES DOUBITCHOUS DU PÈRE NOËL

Le Père Noël est une ordure, de Jean-Marie Poiré (1982), avec Anémone, Thierry Lhermitte et la troupe du Splendid...

Pierre : Hummmm... Et puis je ne sais pas si vous avez remarqué, Thérèse, y a comme une espèce de deuxième couche à l'intérieur.

Thérèse : Oui, c'est fin, c'est très fin, ça se mange sans faim.

Preskovic : C'est une fabrication artisanale...

Pierre : Oui, on a un petit peu l'impression que c'est fait à la main.

Preskovic : Oui, oui, c'est fait à la main, roulé à la main sous les aisselles.

Un anniversaire chez Chabert

Je me souviendrai longtemps de mon quarantième anniversaire. Mon ami Xavier Midroit m'avait préparé une avalanche de plats chez Chabert. Rien que des spécialités lyonnaises, y compris les buffets de saladiers, typiques des bouchons. Un menu assez solide, disons.

Rosette

Saucisson de Lyon

Grattons

Cake d'oreilles de cochon

Gâteau de foies de volaille sauce thym

Saladiers lyonnais : lentilles aux échalotes,
cervelas, harengs, pommes à l'huile, museau de bœuf, pieds de veau, cocos

Terrine de lapin aux pruneaux

Gnafron : flan d'andouillette aux choux à la crème d'ail

Gras-double aux oignons confits

Tablier de sapeur sauce gribiche

Joyeuses d'agneau façon Laurent Gerra

Gratin de quenelles de brochet sauce écrevisses

Gratin d'andouillette sauce moutarde

Boudin noir, purée maison

Tête et langue de veau sauce ravigote

Paillasson de pommes de terre

Cervelle de canut

Tarte aux pralines

Tarte aux noix, caramel au beurre salé

La blanquette de Gervaise

Bibliothèque gourmande

Ah! tonnerre! quel trou dans la blanquette! Si l'on ne parlait guère, on mastiquait ferme. Le saladier se creusait, une cuiller plantée dans la sauce épaisse, une bonne sauce jaune qui tremblait comme une gelée. Là-dedans, on pêchait les morceaux de veau; et il y en avait toujours, le saladier voyageait de main en main, les visages se penchaient et cherchaient des champignons. Les grands pains, posés contre le mur, derrière les convives, avaient l'air de fondre. Entre les bouchées, on entendait les culs des verres retomber sur la table. La sauce était un peu trop salée, il fallut quatre litres pour noyer cette bougresse de blanquette, qui s'avalait comme une crème et qui vous mettait un incendie dans le ventre. Et l'on n'eut pas le temps de souffler, l'épinée de cochon, montée sur un plat creux, flanquée de grosses pommes de terre rondes, arrivait au milieu d'un nuage. Il y eut un cri. Sacré nom! c'était trouvé! Tout le monde aimait ça. Pour le coup, on allait se mettre en appétit; et chacun suivait le plat d'un œil oblique, en essuyant son couteau sur son pain, afin d'être prêt. Puis, lorsqu'on se fut servi, on se poussa du coude, on parla, la bouche pleine. Hein? quel beurre, cette épinée! Quelque chose de doux et de solide qu'on sentait couler le long de son boyau, jusque dans ses bottes. Les pommes de terre étaient un sucre. Ça n'était pas salé; mais, juste à cause des pommes de terre, ça demandait un coup d'arrosoir toutes les minutes. On cassa le goulot à quatre nouveaux litres. Les assiettes furent si proprement torchées, qu'on n'en changea pas pour manger les pois au lard. Oh! les légumes ne tiraient pas à conséquence. On gobait ça à pleine cuiller, en s'amusant. De la vraie gourmandise enfin, comme qui dirait le plaisir des dames. Le meilleur, dans les pois, c'étaient les lardons, grillés à point, puant le sabot de cheval. Deux litres suffirent.

Émile Zola, *L'Assommoir* (1877)

Un autre souvenir d'anniversaire

Je suis né un 29 décembre, date à laquelle je suis souvent sur scène à l'Olympia. Du coup, j'ai pris l'habitude de fêter mon anniversaire en fin de spectacle, avec les musiciens et le public. Ce jour-là, en 2015, c'est Eddy Mitchell en personne qui est venu m'apporter un gâteau sur scène...

La contrepèterie DE LA SEMAINE

Rien ne vaut un vin bien seyant.

Remerciements

Merci à Georges Blanc, Marc Veyrat, Guy Savoy, Jean-Paul Lacombe et tous les chefs qui nous confié leur recette

Merci à eux, et aux restaurateurs qui m'ont ouvert leurs bras et leur cuisine, merci pour toutes les émotions vécues grâce à leur talent

Merci à Jean-Louis Festjens pour sa fidélité et son efficacité inoxydable

Merci à Catherine Brice et à Marie-Jo Suiffet pour leurs yeux de lynx

Merci à Christelle, évidemment

Cet almanach est dédié à ma fille Célestine : les fées qui se sont penchées sur son berceau avaient sans nul doute un tablier et une toque sur la tête !

◂ En cuisine lors de la soirée gastronomique au profit de la Fondation pour la recherche sur Alzheimer, avec, de gauche à droite, Michel Chabran, Michel Rostang, Jean-Paul Lacombe, Jacques Lameloise et Olivier Bourrat. Que des copains !

Remerciements aux éditeurs pour la reproduction des extraits d'œuvre suivants :

Jules Romains, *Les Copains*, © Gallimard, 1922

Colette, *Prisons et paradis*, @ Fayard, 1935

San-Antonio, *Le Standinge selon Bérurier*, © Fleuve noir, 1966

René Fallet, *Le Beaujolais nouveau est arrivé*, © Éditions Denoël, 1975

Fanny Deschamps, *Croque-en-bouche*, © Albin Michel, 1976

Pierre Desproges, *Chroniques de la haine ordinaire*, © Le Seuil, 1987

ISBN : 978-2-7491-6871-5
Photogravure : Graphium
Imprimeur : Clerc, France